優渥叢書

優渥叢書

優渥叢書

用210張線圖學會

《建倉、洗盤、拉升、落跑》的

大戶賺錢腦

笑看股市 ◎著

CONTENTS

前言 越了解大戶，就能更快幫你賺到錢　　　　　　　　　　　***009***

CHAPTER 1 ｜ 什麼是大戶？法人、主力、自營商……

1.1 大戶是誰？你的認知可能是錯誤的……　　　　　　　　　***012***
　　1.1.1　什麼是大戶？
　　1.1.2　散戶與大戶是相對的概念，但也有共同點

1.2 大戶有11種，要很懂自己跟的那一種　　　　　　　　　　***015***
　　1.2.1　短線大戶：資金有限，無法長時間推高股價
　　1.2.2　中線大戶：底部或震盪中都有可能進場
　　1.2.3　長線大戶：坐莊成本高，漲幅很大時才會出場
　　1.2.4　個股大戶：只持有一檔個股，專挑有炒作機會的
　　1.2.5　板塊大戶：資金較充足，利用板塊效應買進多檔
　　1.2.6　政府大戶：介入市場後影響甚大，目的不在賺價差
　　1.2.7　基金大戶：偏好績優股和權重股
　　1.2.8　社保基金大戶：資金龐大，散戶應多加關注
　　1.2.9　境外機構投資者大戶：擅長在低點進場，獲利驚人

1.3 大戶的優勢很多，但也有弱點　　　　　　　　　　　　　***047***
　　1.3.1　大戶資金雄厚、消息靈通
　　1.3.2　持股部位大，很難一次性出貨

1.4 用數據解析大戶：成本、持倉量和利潤率　　　　　　　　***052***
　　1.4.1　算出大戶的建倉成本，能推測拉升是否接近尾聲
　　1.4.2　大戶的持倉量，是跟莊過程中重要的數據
　　1.4.3　大戶利潤達標時會出貨，散戶應同步跟進

CHAPTER 2 大戶操盤 4 個思考步驟，搞清楚就不會跟錯點位

- 2.1 思考第1步：建倉，利空消息時積極買入　　060
    - 2.1.1 散戶的利空消息，大戶的建倉時機
    - 2.1.2 下跌建倉的週線圖：行情已接近市場底部
    - 2.1.3 下跌建倉的月線圖：賣盤減少，成交量低迷
    - 2.1.4 下跌建倉的分時圖：出現小幅下跌趨勢
    - 2.1.5 下跌建倉的成交量：已握有籌碼，成交量明顯萎縮
    - 2.1.6 下跌建倉的均線：由空頭轉為多頭
    - 2.1.7 下跌建倉時，常出現槌子線等K線組合
    - 2.1.8 盤整過程中建倉，散戶賣盤大增
    - 2.1.9 盤整建倉的成交量，基本上保持一致
    - 2.1.10 盤整建倉的均線：處於纏繞黏合狀態
    - 2.1.11 盤整建倉的K線：小陰線和小陽線交錯出現
    - 2.1.12 盤整建倉的分時圖：大單幾乎都不會成交
    - 2.1.13 盤整建倉後期的盤面：常會出現一根大陽線
    - 2.1.14 打壓股價製造下跌假象，完成建倉
    - 2.1.15 打壓股價建倉的成交量，對散戶不利
    - 2.1.16 股價拉升後，大戶還會繼續建倉
    - 2.1.17 拉升股價建倉的成交量，會有持續放大跡象

2.2 思考第2步：震倉，打壓股價後低價買入　　　　　　　　　　　　***085***
　　2.2.1　大戶為什麼要震倉？
　　2.2.2　違反技術分析圖表規則的震倉
　　2.2.3　教你破解震倉的技術圖表特徵

2.3 思考第3步：拉升，推高股價為獲利鋪路　　　　　　　　　　　　***093***
　　2.3.1　大戶為什麼要拉升？
　　2.3.2　不同大戶的拉升時間不同，且與震倉交替出現
　　2.3.3　看懂大戶拉升的幅度，避免太早或太晚買入

2.4 思考第4步：出貨，賣出高價股票讓獲利到手　　　　　　　　　　***101***
　　2.4.1　大戶出貨有優勢也有劣勢
　　2.4.2　大戶出貨時的價位，通常有兩種選擇

CHAPTER 3　看懂大戶都怎麼建倉，跟著買進飆股

3.1 大戶建倉前的準備工作　　　　　　　　　　　　　　　　　　　***106***
　　3.1.1　確保有充足的資金
　　3.1.2　做好人員配置，各部門分工合作
　　3.1.3　設立多個帳戶的重要性

3.2 大戶會根據資金、業績和行情選股　　　　　　　　　　　　　　***108***
　　3.2.1　根據資金規模選擇股票
　　3.2.2　根據公司業績、經營領域選擇股票
　　3.2.3　根據市場行情選擇股票

3.3 看穿大戶建倉常用的10種手法　　　　　　　　　　　　　　　　***117***
　　3.3.1　在緩慢拉升中建倉，風險較低
　　3.3.2　盤整期間考驗散戶信心，是建倉好時機

- 3.3.3 在緩慢下跌時建倉，成本更低
- 3.3.4 跳空開高時建倉，此機會不多
- 3.3.5 拉升股價時建倉，成本高但未來獲利大
- 3.3.6 打壓股價造成恐慌，是完成建倉的策略之一
- 3.3.7 利空消息使股價下跌，大戶利用拋售行情建倉
- 3.3.8 製造寬幅震盪使股價大起大落，大戶趁此建倉
- 3.3.9 壓制股價，在某價位以下建倉
- 3.3.10 震盤建倉，常出現在長期建倉的尾聲

3.4 用5個工具，找出大戶建倉的個股　　　　　　　　　　*134*
- 3.4.1 從成交量發現大戶開始建倉
- 3.4.2 用K線識別大戶建倉
- 3.4.3 觀察均線走勢判斷是否建倉
- 3.4.4 用支撐位識別大戶建倉
- 3.4.5 以成交量識別大戶持續建倉

3.5 4個方法判斷大戶建倉是否到尾聲　　　　　　　　　　*146*
- 3.5.1 股價小幅上漲時要關注成交量
- 3.5.2 個股與大盤走勢相反，可能有大戶操作
- 3.5.3 關鍵價位被突破，是大戶拉升的時機點
- 3.5.4 大陽線出現後，要注意隔日的股價

CHAPTER 4　大戶是怎麼佈局洗盤？散戶千萬別上當

4.1 大戶常用的洗盤模式1：打壓洗盤、震盪洗盤　　　　　*154*
- 4.1.1 打壓式洗盤，實力派大戶愛用的手段
- 4.1.2 打壓洗盤K線圖，會出現一連串陰線
- 4.1.3 分時圖直線下跌，是打壓洗盤常見特徵

  4.1.4 打壓洗盤的成交量會快速放大
  4.1.5 打壓洗盤的均線圖必定向下運行
  4.1.6 看到打壓洗盤結束的特徵，再抄底
  4.1.7 震盪洗盤日線圖，出現寬幅震盪
  4.1.8 震盪洗盤的成交量，以不規則型態出現
  4.1.9 震盪洗盤的均線圖，空頭多頭相繼出現

4.2 大戶常用的洗盤模式2：假突破及其他6種洗盤 *166*
  4.2.1 橫盤洗盤日線圖，長時間停留在一個價格
  4.2.2 盤整洗盤分時圖，在很窄的範圍上下波動
  4.2.3 拉高洗盤：在拉高過程中進行洗盤
  4.2.4 向下破位洗盤：使價格跌落至某個支撐點
  4.2.5 大幅跳空洗盤：打壓股價且開低走低
  4.2.6 假突破洗盤：拉升過程中突然打壓股價
  4.2.7 漲停板洗盤：漲停板附近打壓股價

4.3 從大戶洗盤的特徵，判斷是真出貨還是假出貨 *181*
  4.3.1 上漲過程中的洗盤，會圍繞短期和中期均線
  4.3.2 將股價打壓至長期均線附近，快速拉升
  4.3.3 上漲洗盤的成交量，有三階段變化
  4.3.4 橫盤中股價長時間沒有變化，考驗散戶定力
  4.3.5 大戶洗盤中的K線圖，會出現固定的型態

4.4 洗盤時，散戶靜觀其變是最好的策略 *191*

CHAPTER 5 散戶該有的對策：如何跟好跟滿拉升的個股？

- **5.1 大戶會在這5個時機點操作拉升**　　　　　　　　　　　　**194**
  - 5.1.1　大勢看好時
  - 5.1.2　有利多消息時
  - 5.1.3　分紅配後
  - 5.1.4　K線出現築底型態時
  - 5.1.5　產業板塊拉升時

- **5.2 教你辨別大戶是否正在拉升**　　　　　　　　　　　　　　**206**
  - 5.2.1　當個股走勢與大盤不同時
  - 5.2.2　當有利多消息配合時

- **5.3 大戶會用不同方式拉升，散戶應對要有策略**　　　　　　　**209**
  - 5.3.1　快速拉升，散戶短時間就能坐享其成
  - 5.3.2　漲停板拉升，散戶獲利大，別急著賣出
  - 5.3.3　台階式拉升，散戶的獲利穩定
  - 5.3.4　波浪式拉升，要在波谷位置時加倉
  - 5.3.5　上揚式拉升，散戶可進場並耐心等待
  - 5.3.6　大戶緩慢拉升，散戶不必心急
  - 5.3.7　大戶劇烈震盪拉升，整體還是向上不必擔心

前言
越了解大戶，就能更快幫你賺到錢

　　無論對於新股民還是老股民，都會在股市中常聽到「大戶」這個詞彙。即使還沒涉足金融領域的人，也一定會對這個詞略有耳聞。

　　那麼到底什麼是大戶？大戶一定是不好的嗎？大戶一定可以進入市場獲利嗎？其實，無論大戶還是散戶，在股市中都可以掙到錢。散戶如果提前識別出大戶動向，跟著大戶的操作買賣股票，就可以輕而易舉獲得巨大的收益。

　　但散戶如果想選擇跟莊來買賣股票，就必須對大戶各方面都十分瞭解，只有這樣才能做到知己知彼、百戰百勝。

　　本書從基礎講起，第1章先介紹大戶相關知識，包括大戶在坐莊過程中的成本。第2章將各類大戶的坐莊過程劃分成4步驟，也就是說，任何大戶的坐莊過程都可以劃分成這4步驟，這就大大方便了跟莊者。因為跟莊者完全可以根據步驟中不同的盤面特點，來選擇相應的跟莊方式。

　　第3～5章，逐一介紹大戶坐莊的每一環節和流程，並揭示大戶在每一環節的常用手段，和盤面上會出現的痕跡，以便投資者及早發現。不僅如此，還在每個環節中提供建議，供跟莊者做選擇。

用 210 張線圖學會，
《建倉、洗盤、拉升、落跑》的大戶賺錢腦

　　本書語言通俗易懂，圖文並茂，詳細闡釋每個知識面和環節。不僅原理清晰，且配有多幅示例插圖和解釋，提供不同跟莊者具體的交易策略。不僅適用於新入門的投資者，對於炒股多年的投資者來說，也大有裨益。

第 1 章

什麼是大戶？
法人、主力、自營商……

用 210 張線圖學會，
《建倉、洗盤、拉升、落跑》的大戶賺錢腦

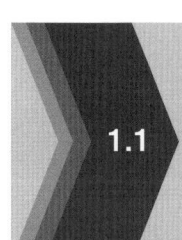

1.1 大戶是誰？你的認知可能是錯誤的……

一提到大戶，大部分人可能都是負面印象，認為大戶就是貶義詞，是專門坑散戶的機構。實際上這種印象是錯誤的。因此，在跟莊前必須糾正對大戶的認識。

1.1.1　什麼是大戶？

大戶與散戶是一組相對的概念。前者是指在股市中有一定資金實力，可以經由買賣一定數量的某檔股票，來控制股價的上漲或下跌，從而根據自己的意圖來獲取高額的股票價差，或達到其他目的的投資者。

從這個定義可以看到，大戶並不一定只是為了獲得較大的經濟利益，可能還有其他目的，例如干預市場、平抑過度的投機行為等。但不論是哪位大戶，共同之處是能在一定程度上控制股價走勢，因為他們的資金非常雄厚，這是散戶無法比擬的。

散戶則是一些小的投資者和籌資機構，其資金與大戶相比顯得十分單薄，無法改變或控制價格走勢，只能被動接受價格走勢。

因此，散戶非常希望跟著大戶的操作來買賣股票，因為大戶可以控制股票、操縱股票。散戶如果能搭上大幅上漲時的順風車，以很小成本就能獲利。

可以看到，大戶和散戶是在市場中對立的兩大陣營。因為股市是一場零和的遊戲，並不創造新的經濟價值，只是財富的轉移。如果大戶的目的是獲得較大的經濟收益，那麼其所獲得的收益必然是散戶們的虧損。

對於大戶來說，他們的交易計畫和策略是絕對機密的，一旦洩露給其他人，會造成巨大虧損，這也是一般散戶所無法想像和承受的。因此，即便有些散戶號稱知道大戶的內部消息，但這是毫無根據的。

1.1.2　散戶與大戶是相對的概念，但也有共同點

儘管散戶與大戶在股市中是對立的天敵，但雙方也有共同點。一般情況下無論哪一方，其最終目的都是在股市中經由差價來獲取收益。

而他們的不同之處在於，大戶可以控制或影響甚至干預股票走勢，在一定程度上可以提前規劃股價的漲或跌，從而獲得較大利潤空間，同時風險也較低。而散戶則只能被動接受股價的走勢，獲利方式也僅僅是由低買高賣獲取差價，無法干預股價。

就風險程度來說，大戶的風險程度低於散戶，因為散戶面對的是股價走勢的不確定性，絲毫沒有控制和改變的能力。而大戶經由大量資金，可以在一定程度上控制和影響股價走勢，甚至能化解一些負面訊息，讓股價按照他們的意圖運行。

但大戶並非毫無風險，因為股價變幻莫測，儘管他們的資金量比散戶充裕，也能在一定程度上控制股價走勢，但潛在的風險也是多方面的。

　　大戶不可能完全控制、影響股價的每一個因素。如果散戶在操作過程中提前識別到大戶的意圖而反向操作，那麼大戶就會慘敗，虧損的金額也同樣是一個天文數字。

第 1 章　什麼是大戶？法人、主力、自營商……

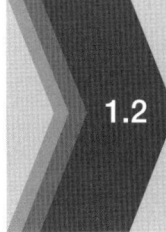

大戶有 11 種，要很懂自己跟的那一種

股市中大戶不只一個，其操作方式、手段和最終目的各不相同，因此可以將大戶分成不同的類別。如果散戶選擇跟莊這條途徑進行交易，必須熟知所跟的大戶屬於哪一類，才能採取相應的策略來跟莊。下面介紹一些常見的大戶。

1.2.1　短線大戶：資金有限，無法長時間推高股價

短線大戶指炒作的時間週期非常短暫，與一般散戶中的短線投資者類似。一般來說，短線大戶的資金較有限，因此無法長期推高股價。他們不需要巨額的利潤空間，一旦有一定的利潤會立即平倉出場。

因此，如果散戶跟的屬於短線大戶，就不能抱有長期持有該股票的幻想。因為此類大戶可能僅僅拉升三四個交易日就出貨，而散戶必須在此期間也出場，完成這次跟莊任務。

如圖 1.1 所示為七喜控股日線圖，可以看到價格跌落至 5.83 元附近時，大戶開始進場做多，隨後股價被快速拉升。但沒有達到前期高

▲ 圖 1.1　七喜控股日線圖

點時大戶早已出場，整體拉升幅度不大，坐莊的時間也不長。散戶如果能及時跟莊，短期內獲得的收益也是非常可觀的。

如圖 1.2 所示為華聯控股的日線圖，可以看到，市場底部出現明顯的盤整型態，大戶正是在此型態完成建倉。此後股價被大戶大幅拉升，但持續的時間很短。因此這也是一種短線大戶，跟莊的交易者絕對不能抱著長期持有的幻想。

1.2.2　中線大戶：底部或震盪中都有可能進場

中線大戶介於短線大戶和長線大戶之間，他們操縱股價的時間明顯長於短線大戶，但短於長線大戶。操作時間一般在一個月左右，散戶中的中期投資交易者，就相當於中線大戶。

一般來說，中線大戶的建倉時間很長，一般多在股價的底部或震盪中去吸收大量籌碼，當出現某個利多的訊息後，根據這個利多訊

▲ 圖1.2　華聯控股日線圖

息順勢拉升股價。他們拉升股價的幅度，遠遠大於短線大戶的拉升幅度，一般可能在50%左右的漲幅；如果依舊看好行情，還有可能達到一倍漲幅。

因為中線大戶吸收大量籌碼，所佔用的資金也遠遠大於短線大戶的成本，其拉升幅度必須要有很大的漲幅，才能有一定的獲利。所以，散戶如果跟的屬於中線大戶，就不必急於賣出股票，因為會持續一段很長的拉升時間，過早賣出股票會使獲利較少。

如圖1.3所示為三一重工小時圖，可以看到股價被大戶拉升的幅度較大，且持續的時間較長，儘管中間有回檔，但只是大戶的洗盤行為。跟莊者一定要跟單到底，切莫中途退出，否則會失去獲得更大利潤的機會。

如圖1.4所示為東方鉅業的日線圖，可以看到，中線大戶將股價從最低點大幅拉高，持續將近一個月。跟莊者在此階段只要耐心持有，一定能獲得不菲的收入。

用 210 張線圖學會，
《建倉、洗盤、拉升、落跑》的大戶賺錢腦

▲ 圖 1.3　三一重工小時圖

▲ 圖 1.4　東方鉭業日線圖

1.2.3 長線大戶：坐莊成本高，漲幅很大時才會出場

長線大戶是指坐莊週期比較長，相當於一般投資者中的長線交易者。長線大戶一般是在股價跌落至最底部開始吸納籌碼，等大盤看好後，籌碼也吸納得夠多，這時開始向上拉升。因為坐莊的過程週期較長，大戶所耗費的資金量和成本也會很大。因此只有在很大的漲幅後大戶才會出場，否則僅僅一段微小的漲幅彌補不了操縱成本。

跟莊者如果選擇跟長線大戶，就不能急於賣出股票，同時如果散戶進場時正好處於大戶建倉階段，也不能著急。這類大戶在吸納籌碼時，股價的波動範圍很小，且持續的時間很長，因為要吸納足夠籌碼後才能向上拉升股價。因此投資者只要有耐心，等大戶吸籌完畢後上漲空間會非常大，能獲得的利潤相當驚人。

如圖 1.5 所示為天山股份月線圖。儘管是月線圖，但是大戶坐莊的週期長達數年之久，且整體的拉升大，因此獲利空間是比較大的。

▲ 圖 1.5　天山股份月線圖

但跟莊者必須能夠經受住長時間的折磨，長期持股。

如圖1.6所示為上海家化的週線圖，可以看到股價在19.23元附近開始直線上漲，大戶一連多根K線都拉出陽線，且回檔很小，坐莊過程長達數月之久。儘管時間週期很長，但能夠成功跟莊的散戶，足足增加了2倍以上的獲利。

如圖1.7所示為峨眉山A的日線圖，可以看到，大戶幾乎在市場的底部入場做多，拉升時間長達數月之久，跟莊者獲得的利潤幾乎達到3倍之多。

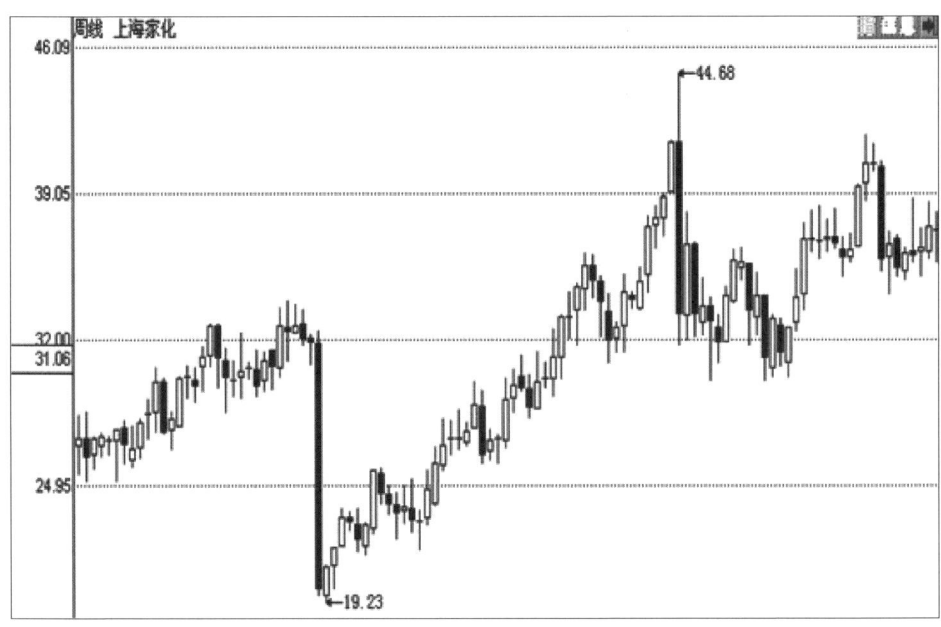

▲ 圖1.6　上海家化週線圖

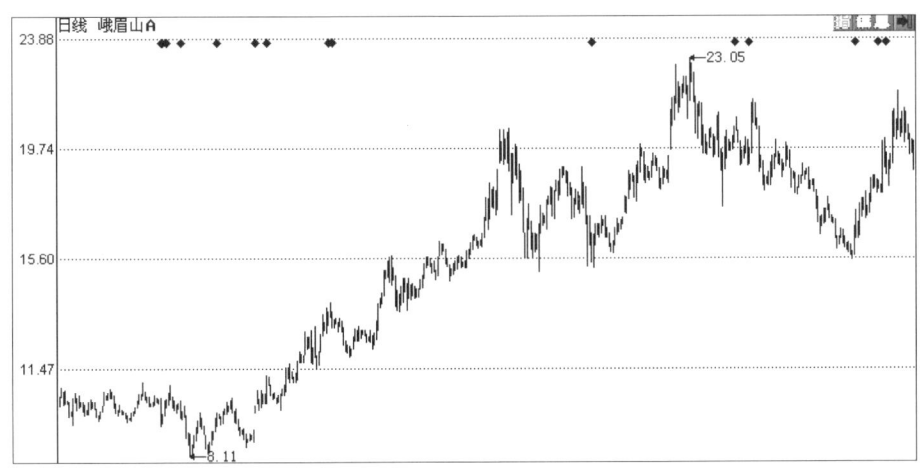

▲ 圖 1.7　峨眉山 A 日線圖

1.2.4　個股大戶：只持有一檔個股，專挑有炒作機會的

　　股市中最常見的大戶便是個股大戶，也就是說這類大戶只持有一檔股票，經由對某檔股票大量持有而影響股價走勢。因為大戶的資金來源有限，控制某檔股票就要消耗大量資金，同時控制多檔股票需要更大資金量，一般的大戶做不到。因此大戶往往選擇某檔可能有炒作機會的個股，囤積一定數量的股票，達到控制股價、影響股價走勢的目的，從而獲取短額差價。

　　如圖 1.8 所示為渤海物流的日線圖，可以看到價格的最底部，大戶悄然進場建倉，成交量沒有明顯增長的跡象。隨後股價開始拉升，當達到 12 元左右的高價後，伴隨著大戶的離場，成交量劇烈增長，此後由於大戶的離場股價一落千丈。

▲ 圖 1.8　渤海物流日線圖

　　如圖 1.9 所示為渤海物流的十大流通股東情況示意圖，可以清楚地看到大量買入該股票的機構名稱，也就是說，那些大戶在操作這個股票是一目了然的。

　　如圖 1.10 所示為遠光軟件週線圖，圖中股價在最低點徘徊了數月之久，大戶正是利用這段時間完成建倉。此後開始大幅拉升股價，等到股價創出新高後已經出貨完畢，隨後股價開始大幅下跌。

　　如圖 1.11 所示，反映了遠光軟件十大流通股的資訊，也就是說這十大機構是買入遠光軟體股票的大戶，他們的一舉一動都關係到該股票的走勢。

第 1 章　什麼是大戶？法人、主力、自營商……

截至日期：2010-12-31	十大流通股東情況	股東總戶數：30887		
股東名稱	持股數 （萬股）	占流通股比 （%）	股東性質	增減情況 （萬股）
中兆投資管理有限公司	10126.08	29.91 A股	公司	未變
安徽新長江投資股份有限公司	2130.52	6.29 A股	公司	-100.83
秦皇島市人民政府國有資產監督管理委員會	1174.23	3.47 A股	公司	未變
中國糖業酒類集團公司	896.76	2.65 A股	公司	未變
中國農業銀行－大成景陽領先股票型證券投資基金	569.99	1.68 A股	基金	新進
中國工商銀行－廣發行業領先股票型證券投資基金	465.20	1.37 A股	基金	新進
全國社保基金一零八組合	429.98	1.27 A股	社保基金	新進
中國銀行－大成財富管理2020生命週期證券投資基金	350.00	1.03 A股	基金	-44.98
中國農業銀行－大成創新成長混合型證券投資基金(LOF)	345.00	1.02 A股	基金	-310.20
中國農業銀行－益民創新優勢混合型證券投資基金	335.74	0.99 A股	基金	新進

合計持有16823.51萬流通A股，分別占總股本49.67%，流通A股49.70%

▲ 圖 1.9　渤海物流大戶資訊

▲ 圖 1.10　遠光軟件週線圖

23

```
截至日期:2011-03-31 十大流通股东情况  股东总户数:19751
```

股东名称	持股数 (万股)	占流通股比 (%)	股东性质	增减情况 (万股)
珠海市东区荣光科技有限公司	7033.19	28.46 A股	公司	未变
国电电力发展股份有限公司	2144.47	8.68 A股	公司	未变
吉林省电力有限公司	1733.66	7.02 A股	公司	未变
福建省电力有限公司	1733.66	7.02 A股	公司	未变
中国银行－华泰柏瑞盛世中国股票型开放式证券投资基金	926.87	3.75 A股	基金	-6.03
中国银行－嘉实稳健开放式证券投资基金	449.42	1.82 A股	基金	78.26
中国建设银行－交银施罗德蓝筹股票证券投资基金	411.22	1.66 A股	基金	19.99
大成价值增长证券投资基金	318.42	1.29 A股	基金	新进
丰和价值证券投资基金	316.00	1.28 A股	基金	-135.47
中国工商银行－广发聚丰股票型证券投资基金	308.95	1.25 A股	基金	新进

合计持有15375.86万流通A股,分别占总股本59.18%,流通A股62.23%

▲ 圖 1.11　遠光軟件十大流通股資訊

1.2.5　板塊大戶：資金較充足，利用板塊效應買進多檔

如果大戶的資金相對來說比較充足，操縱一檔股票之外還有剩餘資金，那麼往往會選擇其他的股票同時坐莊。但是一般來說，大戶不會選擇兩檔毫無關聯的股票來坐莊，因為會耗費很高的成本。更多時候，會選擇一個板塊中的多檔股票來坐莊。

因為在散戶交易過程中常有板塊效應的心理，例如小型的交易者看好房地產的板塊，會選擇板塊內的多支房地產股票來買賣，而大戶也是利用了散戶這一心理。

如果大戶成功拉升了板塊內的某一檔股票，散戶往往會認為該板塊有投資價值，紛紛購買板塊內的不同股票，這就為大戶拉升其他

股票創造了機會。如圖 1.12 所示為板塊分析的介面，可以發現當天漲幅表現最好的，是次新股概念這個板塊。

如圖 1.13 所示為次新股概念板塊中的部分個股，仔細觀察，不難發現板塊內的許多檔股票，都出現不同情況的拉升現象，只是大戶拉升的幅度不同而已。

	板块代码	板块名称	均涨幅%↓	成交量	金额-亿	总手比%	金额比%	总市值	总值增减	均价	流通市值
1	BI1038	次新股概念	4.18	5158095	120.56	2.43	4.70	5324.42	142.48	27.76	0.00
2	BI1164	信托	4.08	237533	5.12	0.11	0.20	0.00	0.00	20.93	0.00
3	BI1071	海南	3.40	3283950	39.48	1.55	1.54	61.85	13.65	12.71	0.00
4	BI1144	普通机械制造	2.24	4916651	67.17	2.31	2.62	59.95	16.79	17.56	0.00
5	BI1114	农业	1.48	2057376	29.92	0.97	1.17	32.53	0.61	16.86	0.00
6	BI1159	计算机应用服务	1.32	1387596	27.60	0.65	1.08	107.09	3.60	23.46	0.00
7	BI1152	航空运输	1.23	2336985	20.60	1.10	0.80	0.00	0.00	8.68	0.00
8	BI1121	食品	1.18	1874208	27.90	0.88	1.09	202.73	10.02	22.61	0.00
9	BI1160	零售业	1.06	4220153	51.13	1.99	1.99	183.08	1.80	15.18	0.00
10	BI1138	非金属矿物制品	1.05	4299481	65.30	2.02	2.55	132.14	17.02	17.91	0.00
11	BI1083	山东	1.04	11018648	159.82	5.19	6.23	445.55	26.66	18.49	0.00
12	BI1129	化学农药	0.96	941714	12.67	0.44	0.49	0.00	0.00	15.61	0.00
13	BI1034	创业板概念	0.96	4956474	106.04	2.33	4.13	1475.45	28.28	24.59	0.00
14	BI1109	商业指数	0.91	3865738	43.07	1.82	1.68	0.00	0.00	12.90	0.00
15	BI1131	塑料制造	0.86	1496059	22.49	0.70	0.88	208.53	10.43	17.54	0.00
16	BI1174	传播与文化产业	0.83	1172477	19.15	0.55	0.75	0.00	0.00	15.50	0.00
17	BI1061	安徽	0.79	5468637	92.94	2.57	3.62	83.73	15.45	17.87	0.00
18	BI1122	饮料	0.78	2591545	66.49	1.22	2.59	0.00	0.00	34.55	0.00
19	BI1158	计算机软件	0.70	1722887	24.59	0.81	0.96	80.41	2.28	20.07	0.00
20	BI1156	通信设备	0.65	3986078	54.57	1.88	2.13	99.39	3.79	18.84	0.00
21	BI1117	渔业、牧业	0.64	1265447	19.52	0.60	0.76	0.00	0.00	16.91	0.00

▲ 圖 1.12　板塊分析介面

	代码	名称	星级	涨幅%↓	现价	总手	现手	昨收	开盘	最高	最低	换手%	叫买	叫卖
1	002598	N章鼓	☆☆☆	+105.90	20.59	292380	3445 ↑	10.00	21.90	26.28	20.51	91.37	20.58	20.59
2	002596	N瑞泽	★★★★	+80.08	21.88	245282	2823 ↑	12.15	23.11	28.25	21.81	90.18	21.87	21.88
3	002597	N金禾	★★	+50.84	32.43	232713	2406 ↓	21.50	32.50	40.10	32.40	86.83	32.43	32.44
4	300235	方直科技	★★★★★	+10.00	34.22	20343	448 ↓	31.11	31.31	34.22	31.31	23.12	34.22	--
5	002585	双星新材	★★★★★	+8.64	47.67	65999	529 ↓	43.88	44.80	48.27	44.80	15.79	47.67	47.68
6	300197	铁汉生态	★★★★	+8.34	81.80	10619	128 ↑	75.50	75.51	83.05	75.50	6.85	81.70	81.80
7	601208	东材科技	★★★★★	+7.63	25.26	106528	18 ↑	23.47	23.59	25.82	23.40	16.64	25.25	25.27
8	002590	万安科技	★★★★	+6.52	21.89	62202	440 ↓	20.55	20.28	22.50	20.28	33.02	21.89	21.90
9	300224	正海磁材	★★★★	+6.00	25.97	91423	790 ↓	24.50	24.45	26.95	24.28	28.57	25.97	25.98
10	300227	光韵达	★★★★	+5.96	17.79	37231	773 ↑	16.79	16.70	18.47	16.70	27.18	17.78	17.79
11	002570	贝因美	★★★	+5.77	37.95	45676	273 ↑	35.88	35.68	39.37	35.41	13.27	37.94	37.95
12	002588	史丹利	★★★	+5.71	35.00	37222	903 ↓	33.11	33.16	35.09	33.16	14.26	35.00	35.01
13	002583	海能达	★★★★	+5.02	20.91	107803	921 ↓	19.91	19.80	21.03	19.76	19.25	20.91	20.92
14	300237	美晨科技	★★	+5.01	34.78	38388	579 ↑	33.12	33.17	36.08	33.17	33.38	34.77	34.78
15	002565	上海绿新	★★★★	+4.90	27.20	21197	233 ↓	25.93	26.00	27.35	25.94	6.33	27.20	27.21
16	300221	银禧科技	★★★★	+4.59	17.53	44618	256 ↓	16.76	16.80	18.25	16.80	22.28	17.53	17.55
17	300220	金运激光	★★★★★	+4.46	32.33	12606	306 ↑	30.95	30.93	33.75	30.93	17.51	32.32	32.33
18	300188	美亚柏科	★★★★	+4.19	40.00	7142	75 ↑	38.39	38.33	41.00	38.11	5.29	39.93	40.00
19	300229	拓尔思	★★★★	+4.09	17.82	61077	505 ↓	17.12	17.11	18.73	17.11	25.45	17.82	17.83
20	300225	金力泰	★★★★★	+3.63	28.83	32134	188 ↑	27.82	28.11	29.75	28.08	23.56	28.81	28.83
21	300195	长荣股份	★★★★	+3.60	42.85	26369	287 ↑	41.36	41.38	43.99	41.38	10.55	42.80	42.85

▲ 圖 1.13　次新股概念板塊內的部分個股

圖 1.14 為正海磁材日線圖，圖 1.15 為雙星新材日線圖，圖 1.16 為光韻達日線圖。此三檔都是次新股概念板塊中的股票，從圖中也可以看到，它們的日線圖具有驚人的相似性。這也正是板塊大戶介入的結果，經由拉升一兩檔股票，板塊內的其他股票就可以輕鬆被拉升。

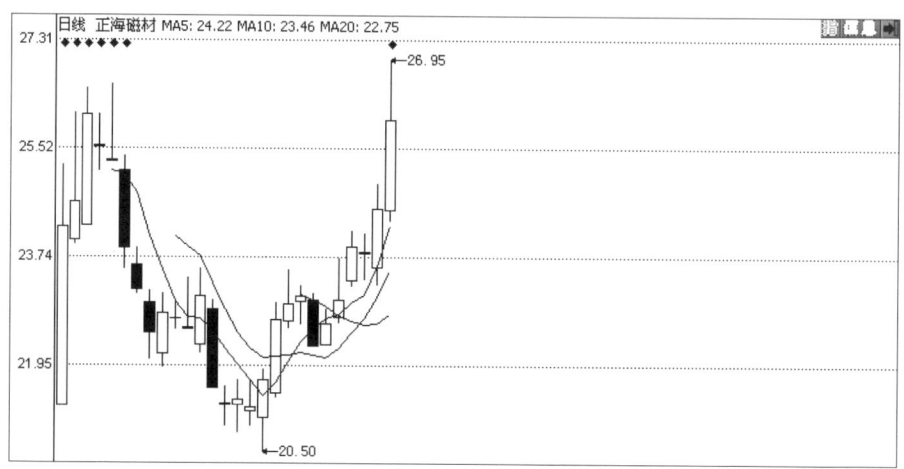

▲ 圖 1.14　正海磁材日線圖

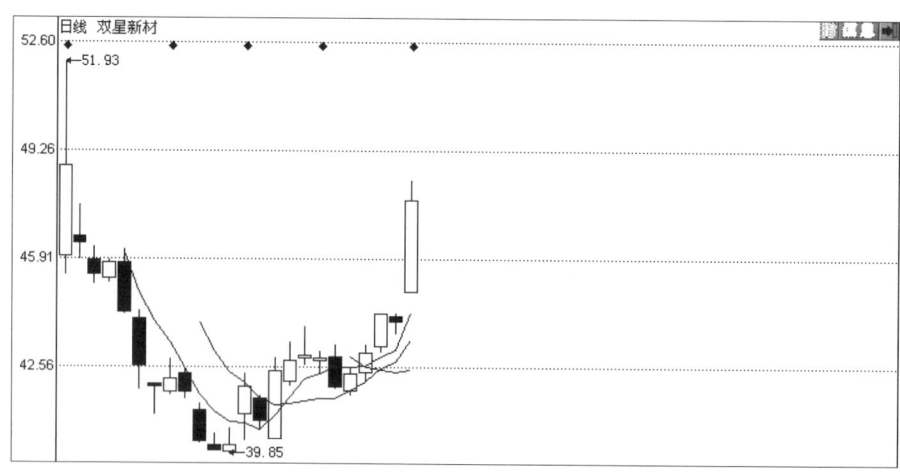

▲ 圖 1.15　雙星新材日線圖

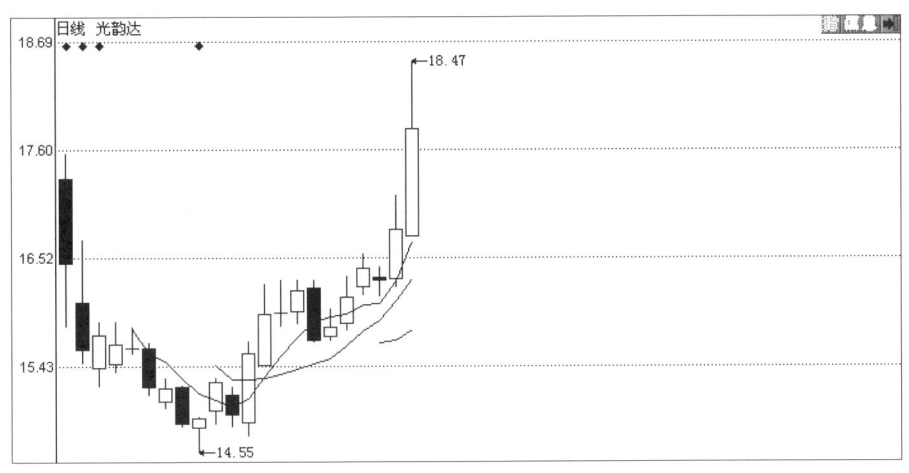

▲ 圖1.16　光韻達日線圖

1.2.6　政府大戶：介入市場後影響甚大，目的不在賺價差

　　政府大戶與一般的大戶不同，其根本目的不在於獲取價差，而在於平抑市場過度投機。當金融市場處於不正常的過度投機狀態時，政府往往會經由各種手段來救市。政府所能動用的資金較大，因此對股市的影響也較大。此外，政府如果干預市場，不一定需要動用資金，僅僅是一系列政策的出台，往往就會對股價走勢造成影響。

　　在任何國家，如果股市處於不正常的波動狀態，政府都會採用一些方式來干預，使金融市場秩序得以恢復正常。例如20世紀末，國際游資曾經衝擊東南亞金融市場，僅就香港來說，國際炒家在外匯市場、股市市場、期貨股指市場中同時做空，以謀求匯率制度的改變，獲得巨大的經濟利益。當時香港政府為了維護正常的經濟秩序，動用大量港幣直接入市，來回擊投資分子的投機行為，這就是政府干預股市的實例。

在中國的股市中，儘管政府沒有直接動用資金干預市場，但當國內外出現一些突發事件、國際游資對國內股市產生重大影響、股市處於極端上漲或極端下跌的行情中時，其政府都會經由一些措施或出台一些政策來挽救股市，使股市保持正常良好的秩序，避免過度投機行為。

如圖1.17所示為上證綜指日線圖。之前指數大幅上漲，達到將近一倍的漲幅，為了抑制過度的投機行為，國家突然宣佈調高印花稅率。這個巨大的利空消息，引發第二天多檔股票紛紛跳水，上證指數在5月30日受到重創。

如圖1.18所示為深證成指日線圖。印花稅率突然上調的消息，使深證指數在30日開盤即大幅下挫，開盤價比前一日收盤價下跌了805.4點，跌幅近6%。

不僅指數出現快速跳水，之前大漲的股票也出現大幅下挫的跡象，如圖1.19所示為深發展A日線圖。深發展在指數中佔有重要的席位，之前多日的漲幅已經讓市場處於過度投機狀態。在國家平抑市場出台的印花稅上調政策後，30日深發展A迅速下跌，當天就處於跌停板的位置。

如圖1.20所示為青海明膠日線圖。青海明膠與深發展A不同，它對指數的影響不大，但印花稅政策同樣對它產生重大影響。30日的股價出現大幅下挫的跡象，且後續的多個交易日都由此開始下跌，一波下跌的行情由此開始。

可見，政府大戶對股市的影響有多麼巨大，也是一般大戶所無法比擬的。不僅在股市處於極度高漲的情況下，國家要予以干預；在極度疲弱的情況下，政府同樣要採取一些刺激的手段，來提振金融市場。

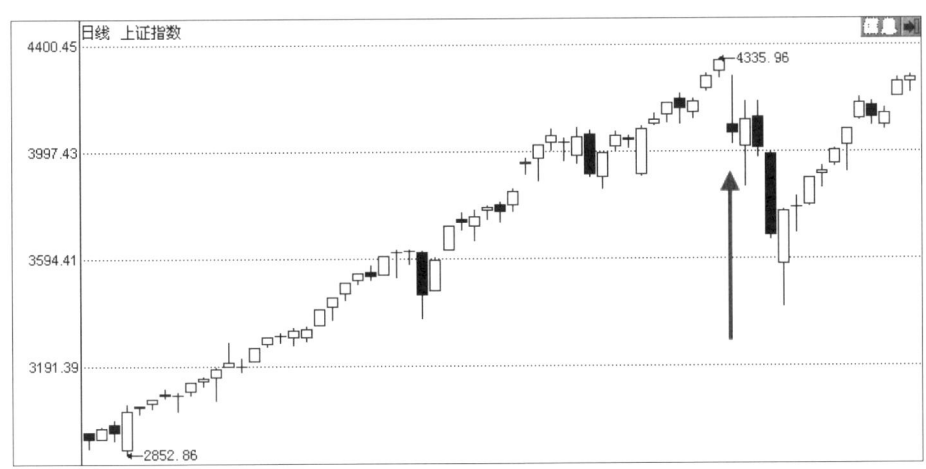

▲ 圖 1.17　上證綜指日線圖

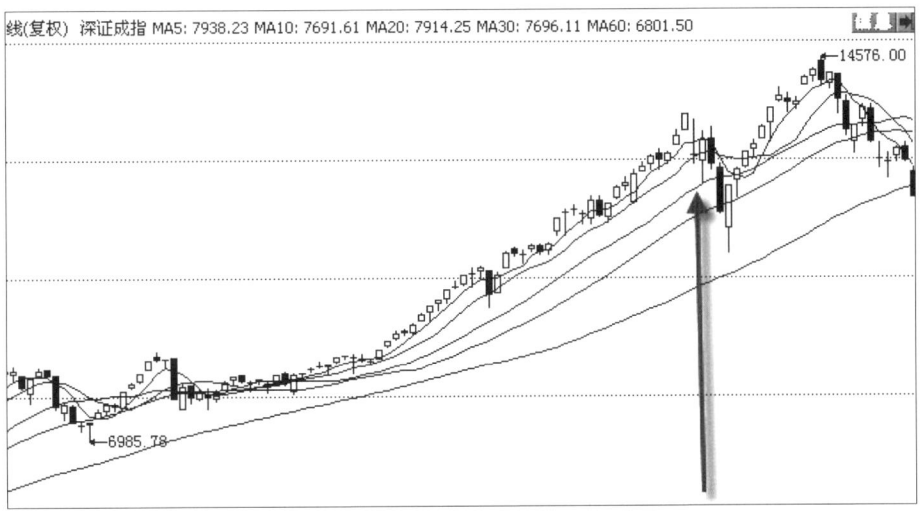

▲ 圖 1.18　深證成指日線圖

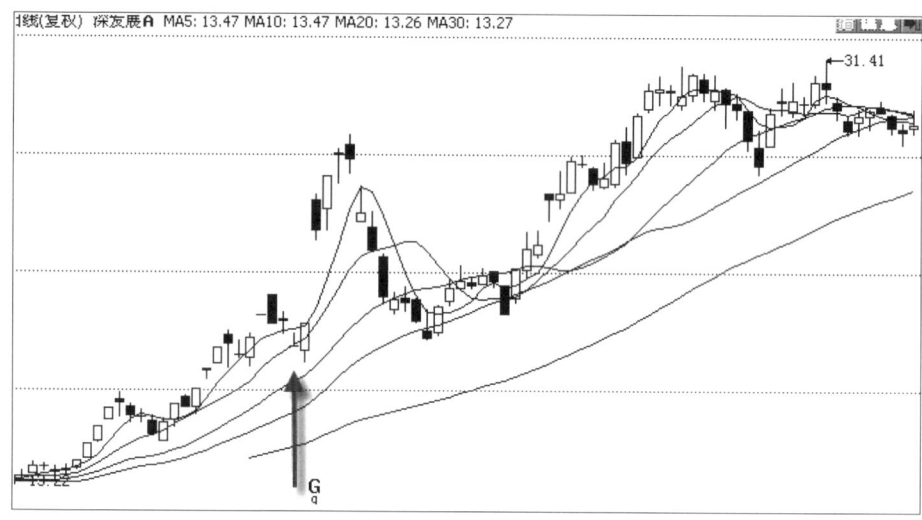

▲ 圖 1.19　深發展 A 日線圖

▲ 圖 1.20　青海明膠日線圖

第 1 章　什麼是大戶？法人、主力、自營商……

　　如圖1.21所示為上證指數日線圖，可以看到股價從5522.78元直線下降到2990.79元附近，跌幅將近一倍。國家為了提振股市宣佈下調印花稅稅率，這對股民來說無疑是一個利多消息。在24日指數不僅跳空開高，還收成一個實體不小的陽線，成交量也明顯增多。

▲ 圖 1.21　上證指數日線圖

　　如圖1.22所示為深證綜指日線圖，可以看到成指多日暴跌，在4月24日利多消息的刺激下跳空開高，形成一個缺口，成交量在當天也出現放量跡象。

　　如圖1.23所示為深發展A日線圖。政府大戶一般對個股的影響很大，就深發展A來說，24日當天出現跳空漲停板，成交量也明顯增多。僅僅開盤就跳空上漲2元左右，這是一般大戶做不到的。

31

用 210 張線圖學會，
《建倉、洗盤、拉升、落跑》的大戶賺錢腦

▲ 圖 1.22　深證綜指日線圖

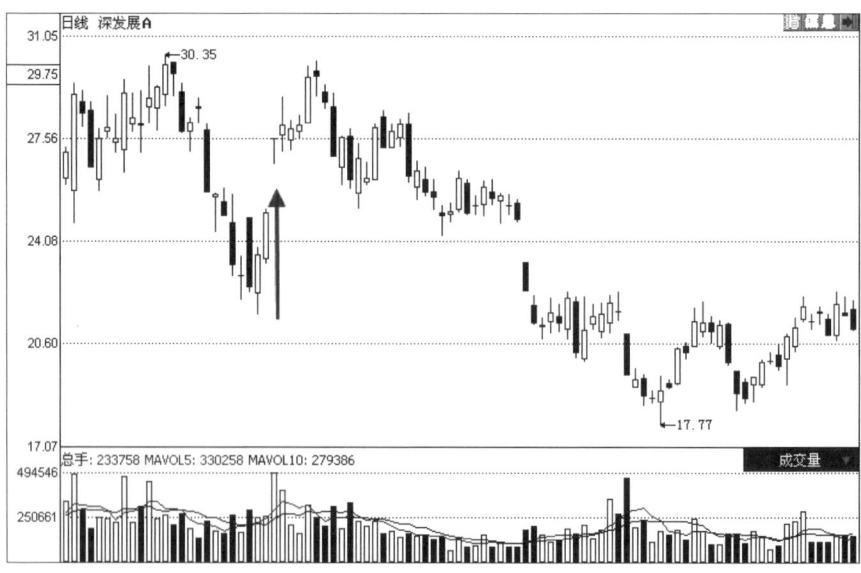

▲ 圖 1.23　深發展 A 日線圖

第 1 章　什麼是大戶？法人、主力、自營商……

如圖 1.24 所示為青海明膠日線圖。圖中從 9.96 元大幅下跌，在 4 月 24 日出現跳空開高的現象；成交量也驗證了價格的走勢，出現放量。由此可見，政府大戶對個股的影響具有普遍性，而不僅僅是對某檔股票有影響。

▲ 圖 1.24　青海明膠日線圖

1.2.7　基金大戶：偏好績優股和權重股

基金大戶是中國股市中最常見的大戶之一，他們的主要目的是獲利。因為基金大戶掌控了一定量的閒散資金，可以經由購買大量的某檔股票，來達到影響股價的目的。

但同時國家也規定投資基金可持倉的數量限制，且根據規定，基金必須每三個月向社會公佈一次投資的組合情況。因此投資基金所

持有的股票名稱和數量，都是可以公開披露給散戶的。

一般來說，投資基金傾向於選擇購買績優股和權重股。可能會有多家投資基金購買同一檔績優股或者權重股，從而引發該檔股票過度上漲或過度下跌，跟莊者應該留意所購買的股票是否有基金大量持有。

圖1.25為中海油服的週線圖，圖1.26為中海油服的流通股東。中海油服屬於績優股，是眾多基金追捧的對象之一。從圖1.26還可以看到，大量的基金購買了中海油服的股票，該股票的大部分份額都掌握在基金手中。

因此散戶必須要了解這些基金的動向，否則若眾多基金同時拋售，股價勢必大跌。從圖1.25的走勢圖可以發現，行情走勢受到大戶建倉、拉升等環節的很大影響。

▲ 圖1.25　中海油服週線圖

截至日期:2011-03-31 十大流通股東情況 股東總戶數:131412					
股東名稱	持股數（万股）	占流通股比（%）	股東性質	增減情況（万股）
中国海洋石油总公司	241046.80	82.82 A股	公司	未變
香港中央結算（代理人）有限公司	153155.39	99.79 H股	公司	-7.00
华夏盛世精选股票型证券投资基金	1521.78	0.52 A股	基金	未變
华夏优势增长股票型证券投资基金	1373.98	0.47 A股	基金	-2025.94
华夏红利混合型开放式证券投资基金	1131.09	0.39 A股	基金	99.99
鹏华动力增长混合型证券投资基金(LOF)	812.66	0.28 A股	基金	新进
华宝兴业行业精选股票型证券投资基金	800.65	0.28 A股	基金	新进
交银施罗德精选股票证券投资基金	793.53	0.27 A股	基金	未變
华夏蓝筹核心混合型证券投资基金(LOF)	793.40	0.27 A股	基金	-70.00
全国社保基金一零四组合	750.00	0.26 A股	社保基金	-120.00

▲圖1.26　中海油服的流通股東

圖1.27為深發展A日線圖，圖1.28為深發展A十大流通股。可以發現，十大流通股中，基金佔了很大的比例，因為基金十分青睞深發展這樣的權重股。圖1.27所示的日線圖，不可避免地受到基金大戶坐莊的影響。

圖1.29為中國石化月線圖，圖1.30為中國石化十大流通股。中國石化不僅是藍籌股，而且是權重股、績優股，這樣的優越身分自然吸引眾多基金。從圖1.30中可以看出，十大流通股中基金佔據多數的席位。中國石化儘管流通量很大，一般來說很難被大戶操作。但是眾多基金的介入，不可避免地會影響它，從圖1.29所示的中國石化月線圖中可以發現，成交量和股價很明顯受到大戶干涉。

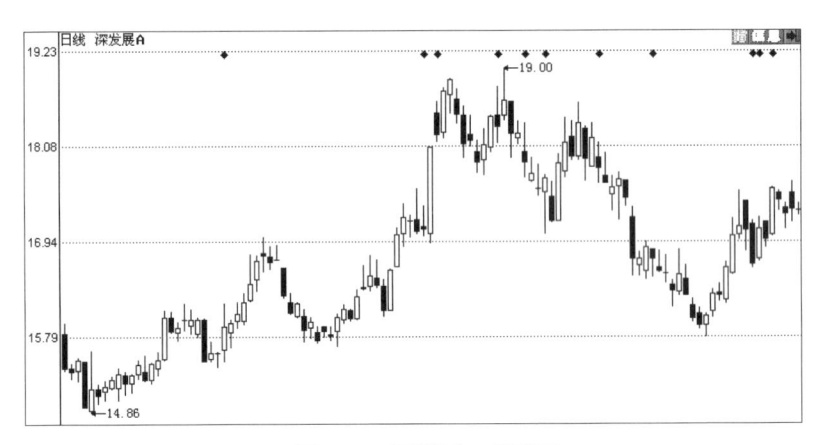

用 210 張線圖學會，
《建倉、洗盤、拉升、落跑》的大戶賺錢腦

▲ 圖 1.27　深發展 A 日線圖

截至日期：2011-03-31　十大流通股東情況　股東總戶數：341316

股東名稱	持股數（萬股）	占流通股比（%）	股東性質	增減情況（萬股）
中國平安保險（集團）股份有限公司－集團本級－自有資金	52147.09	16.79	A股 保險公司	未變
中國平安人壽保險股份有限公司－傳統－普通保險產品	14096.35	4.54	A股 保險理財	未變
深圳中電投資股份有限公司	8730.23	2.81	A股 公司	未變
中國人壽保險股份有限公司－分紅－個人分紅-005L-FH002深	6350.44	2.04	A股 保險理財	未變
海通證券股份有限公司	4791.53	1.54	A股 證券公司	144.84
全國社保基金———零組合	4032.61	1.30	A股 社保基金	未變
中國銀行－易方達深證100交易型開放式指數證券投資基金	3345.34	1.08	A股 基金	-89.08
中國人壽保險股份有限公司－傳統－普通保險產品-005L-CT001深	3150.00	1.01	A股 保險理財	未變
中國農業銀行－富國天瑞強勢地區精選混合型開放式證券投資基金	2859.15	0.92	A股 基金	未變
中國工商銀行－融通深證100指數證券投資基金	2761.53	0.89	A股 基金	新進

▲ 圖 1.28　深發展 A 十大流通股

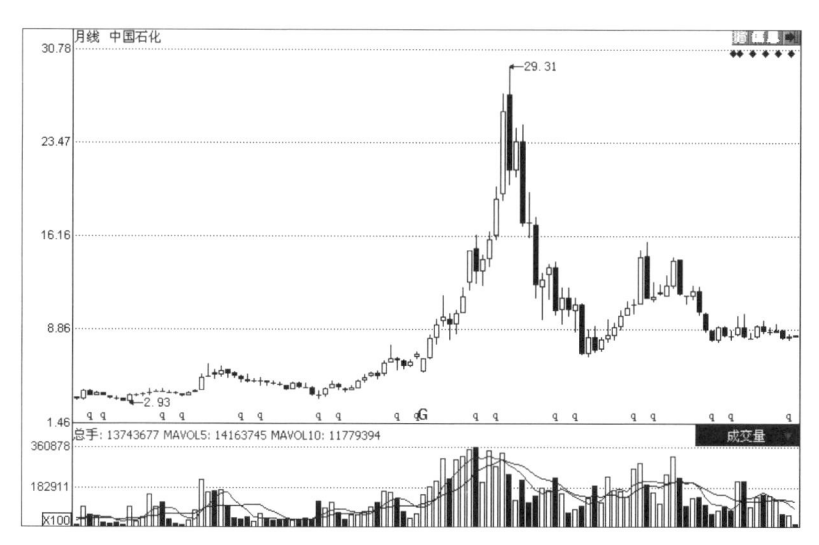

第 1 章　什麼是大戶？法人、主力、自營商⋯⋯

▲ 圖 1.29　中國石化月線圖

| 截至日期：2011-03-31　十大流通股東情況　股東總戶數：875461 |||||
股東名稱	持股數 （萬股）	占流通股比 (%)	股東性質	增減情況 （萬股）
中国石油化工集团公司	6575804.40	94.04 A股	公司	未变
香港（中央结算）代理人有限公司	1666388.50	99.31 H股	公司	565.90
国泰君安证券股份有限公司	25650.20	0.37 A股	证券公司	42.10
中国人寿保险股份有限公司－分红－个人分红－005L－FH002沪	17812.00	0.25 A股	保险理财	3737.00
中邮核心成长股票型证券投资基金	5514.30	0.08 A股	基金	-772.80
南方隆元产业主题股票型证券投资基金	4430.00	0.06 A股	基金	新进
上证50交易型开放式指数证券投资基金	3657.90	0.05 A股	基金	-204.60
易方达50指数证券投资基金	3434.40	0.05 A股	基金	-100.00
中国人民人寿保险股份有限公司－分红－个险分红	3083.60	0.04 A股	保险理财	-191.10
银华富裕主题股票型证券投资基金	3000.00	0.04 A股	基金	新进

▲ 圖 1.30　中國石化十大流通股

1.2.8　社保基金大戶：資金龐大，散戶應多加關注

根據國家規定，社保基金是可以進入股市的，但有嚴格的比例限制，進入股市的少量社保基金，是整體的社保基金實現增值的功能。也就是說，在股市中投資是社保基金其中的一個增值專案。但是一般而言，社保基金的資金雄厚，散戶跟莊者應予以特別關注。

圖1.31為深發展A日線圖，圖1.32為深發展A十大股東。可以看到社保基金介入深發展A股票，且從圖1.31所示的日線圖來看，如果散戶能跟著社保基金進入市場，獲得的收益還是相當不錯的。

圖1.33為建投能源日線圖，圖1.34為建投能源十大流通股東，其中社保基金榜上有名。從圖1.33的日線圖中也可以看到，上漲趨勢十分明顯，跟莊成功的散戶能獲得一定利潤。

一般而言，如果能成功跟著社保基金買賣股票，可以獲利巨大。比如社保基金在2008年的大熊市中獨領風騷，獲利不少，令眾

▲ 圖1.31　深發展A日線圖

截至日期:2010-12-31 十大股东情况 股东总户数:352655 户均流通股:8806			
股东名称	持股数 （万股）	占总股 本比(%)	股份性质	增减情况 （万股）
中国平安保险（集团）股份有限公司－集团本级－自有资金	52147.09	14.96	无限售A股	未变
中国平安人寿保险股份有限公司－自有资金	37958.00	10.89	限售A股	未变
中国平安人寿保险股份有限公司－传统－普通保险产品	14096.35	4.04	无限售A股	未变
深圳中电投资股份有限公司	8730.23	2.51	无限售A股	未变
中国人寿保险股份有限公司－分红－个人分红-005L-FH002深	6350.44	1.82	无限售A股	未变
海通证券股份有限公司	4646.69	1.33	无限售A股	19.85
全国社保基金－－－零组合	4032.61	1.16	无限售A股	新进
中国银行－易方达深证100交易型开放式指数证券投资基金	3434.42	0.99	无限售A股	-1584.19
上海浦东发展银行－广发小盘成长股票型证券投资基金	3332.96	0.96	无限售A股	新进
中国人寿保险股份有限公司－传统－普通保险产品-005L-CT001深	3150.00	0.90	无限售A股	未变

▲ 圖 1.32　深發展 A 十大股東

▲ 圖 1.33　建投能源日線圖

股東名稱	持股數(萬股)	占流通股比(%)	股東性質	增減情況(萬股)
河北建設投資集團有限責任公司	50259.03	55.01 A股	公司	未變
華能國際電力開發公司	18370.00	20.11 A股	公司	未變
海關總署機關服務中心（海關總署機關服務局）	205.27	0.22 A股	公司	未變
全國社保基金五零一組合	200.00	0.22 A股	社保基金	未變
路春敏	106.70	0.12 A股	個人	未變
鄧金倫	93.50	0.10 A股	個人	未變
河北精勤文化傳播有限公司	79.67	0.09 A股	公司	未變
中融國際信託有限公司-中融盈捷1期	78.06	0.09 A股	私募基金	新進
宋凌雲	70.00	0.08 A股	個人	新進
張愛軍	67.30	0.07 A股	個人	未變

截至日期：2011-03-31　十大流通股東情況　股東總戶數：58086

▲ 圖 1.34　建投能源十大流通股東

多機構佩服不已。且社保基金持有多元大型股和具增長潛力的板塊，都是社保基金選股的首選。

圖 1.35 為社保基金六零一持股情況，圖 1.36 為社保基金六零二持有的部分個股，圖 1.37 所示為社保基金六零三持有的部分個股。

社保基金名稱	報告期	股票名稱	股票代碼	持股數量(萬股)	占流通股比例(%)	倉位變化(萬元)
全國社保基金六零一組合	2011-03-31	三維絲	300056	77.7319	1.4948	0.0000
	2011-03-31	桑德環境	000826	502.9856	1.2168	502.9856
	2011-03-31	友阿股份	002277	415.3686	1.1895	87.8959
	2011-03-31	天士力	600535	450.0371	0.8715	450.0371
	2011-03-31	煙台氨綸	002254	204.2722	0.7825	24.9871
	2011-03-31	一汽夏利	000927	857.6995	0.5377	857.6995
	2011-03-31	棕櫚園林	002431	99.2283	0.5168	6.0000
	2011-03-31	科士達	002518	17.3403	0.1508	17.3403
	2011-03-31	兗州煤業	600188	334.9668	0.0681	334.9668

▲ 圖 1.35　社保基金六零一組合持股情況

第 1 章　什麼是大戶？法人、主力、自營商……

社保基金名称	报告期	股票名称	股票代码	持股数量（万股）	占流通股比例(%)	仓位变化（万元）
全国社保基金六零二组合	2011-03-31	新宙邦	300037	164.9547	1.5416	114.9547
	2011-03-31	汉威电子	300007	180.0680	1.5260	-29.9081
	2011-03-31	硅宝科技	300019	139.9717	1.3723	19.9948
	2011-03-31	民和股份	002234	120.0000	1.1163	-80.0000
	2011-03-31	金字集团	600201	299.9942	1.0683	-0.0058
	2011-03-31	易世达	300125	46.2200	0.7834	-15.0638
	2011-03-31	瑞凌股份	300154	80.0000	0.7159	50.0000
	2011-03-31	青松股份	300132	39.9887	0.5968	39.9887
	2011-03-31	三友化工	600409	499.9843	0.4719	499.9843
	2011-03-31	奥飞动漫	002292	89.9926	0.3515	89.9926
	2011-03-31	佳士科技	300193	59.9800	0.2708	59.9800
	2011-03-31	贵州百灵	002424	54.9886	0.2338	0.0000
	2011-03-31	九州通	600998	225.0012	0.1584	225.0012
	2011-03-31	天瑞仪器	300165	9.9919	0.1350	9.9919

▲圖 1.36　社保基金六零二組合持有的部分個股

社保基金名称	报告期	股票名称	股票代码	持股数量（万股）	占流通股比例(%)	仓位变化（万元）
全国社保基金六零三组合	2011-03-31	大有能源	600403	200.0000	1.5690	200.0000
	2011-03-31	华意压缩	000404	399.9934	1.2323	399.9934
	2011-03-31	黄河旋风	600172	299.9860	1.1194	299.9860
	2011-03-31	精工钢构	600496	419.9844	1.0852	419.9844
	2011-03-31	津劝业	600821	400.0000	0.9609	400.0000
	2011-03-31	轴研科技	002046	99.9985	0.9251	99.9985
	2011-03-31	山东海化	000822	399.9916	0.4469	399.9916
	2011-03-31	上海建工	600170	399.9908	0.3838	399.9908
	2011-03-31	四川双马	000935	199.9928	0.3247	199.9928
	2011-03-31	云南锗业	002428	35.4877	0.2825	-19.9950
	2011-03-31	航民股份	600987	100.0000	0.2361	100.0000
	2011-03-31	金隅股份	601992	529.9906	0.1237	529.9906
	2011-03-31	荣盛石化	002493	35.4992	0.0638	35.4992

▲圖 1.37　社保基金六零三組合持有的部分個股

儘管社保基金持有的股票各不相同，但都有比較好的走勢。因此如果選擇跟著社保基金這個大戶買入股票，可以取得高獲利。

如圖 1.38 所示為三友化工日線圖，該股是社保基金六零二組合持有的個股之一。從走勢圖中可以看到，該股出現明顯上漲行情，社保基金獲得很大的利潤，跟莊者當然也輕而易舉獲利了。

黃河旋風這檔股票不能算是大型股，在指數中佔有的權重也不大，但它是社保基金六零三組合持股中的一支個股。圖 1.39 的日線圖反映了一大段的上漲行情，漲幅已經超過兩倍，跟莊者短期內的回報率驚人。天士力是社保基金六零一組合持有的股票之一，圖 1.40 為天士力週線圖。從圖中可以看到，價格從 14.38 元扶搖而上直至 45.79 元，跟莊者可以多獲得兩倍以上的回報。

▲ 圖 1.38　三友化工日線圖

第 1 章　什麼是大戶？法人、主力、自營商……

▲ 圖 1.39　黃河旋風日線圖

▲ 圖 1.40　天士力週線圖

1.2.9　境外機構投資者大戶：擅長在低點進場，獲利驚人

合格的境外機構投資者（英文簡稱QFII），其投資理念似乎與國內機構的投資理念不盡相同。國內股民認為沒有投資價值的股票，往往是這些境外機構投資者所青睞的對象。

回顧歷史可以發現，境外機構投資者往往在股市處於低迷時購買，因此他們往往是買在最低點。例如2005年6月上證綜指跌破千點大關，可以說已經處於極度下跌的時刻。但大量投資者絲毫沒有察覺到，這是一個可以買入股票進行抄底的時機，而合格的境外機構投資者，恰在此時開始買入股票。

如同社保基金一樣，跟莊者如果跟著境外機構投資者買賣股票，獲得的收益同樣也是巨大的。但境外機構投資者數量很多，投資者應該對這些機構有個基本的印象，以便於了解個股中的哪些大戶屬於境外機構投資者。如圖1.41所示為江西水泥股東情況，其中第二大持有者就是摩根大通。

圖1.42顯示了江西水泥的走勢，很明顯此次QFII機構的投資是正確的，而作為散戶的投資者如果能夠成功跟莊，可以多獲得兩倍多的收益。

德意志銀行也是常見的QFII機構，圖1.43顯示德意志銀行購買珠海中富股票。如圖1.44所示為珠海中富週線圖，可以看到如果散戶能夠成功跟莊，可以獲得近兩倍的利潤。

股東名稱	持股數（萬股）	占流通股比（%）	股東性質	增減情況（萬股）
江西水泥有限责任公司	17412.99	46.33 A股	公司	1404.49
国际金融-汇丰-JPMORGAN CHASE BANK,NATIONAL ASSOCIATION（摩根大通）	1264.50	3.36 A股	QFII	未变
中国工商银行-广发聚富开放式证券投资基金	1116.17	2.97 A股	基金	716.18
中国建材股份有限公司	1000.00	2.66 A股	公司	未变
交通银行-海富通精选证券投资基金	1000.00	2.66 A股	基金	-500.09
中国建设银行-长盛同庆可分离交易股票型证券投资基金	1000.00	2.66 A股	基金	新进
中国建设银行-华夏优势增长股票型证券投资基金	732.87	1.95 A股	基金	新进
中国建设银行-广发内需增长灵活配置混合型证券投资基金	602.88	1.60 A股	基金	未变
中国建设银行-华安宏利股票型证券投资基金	541.87	1.44 A股	基金	新进
中国建设银行-华夏盛世精选股票型证券投资基金	491.98	1.31 A股	基金	新进

▲ 圖 1.41　江西水泥股東情況

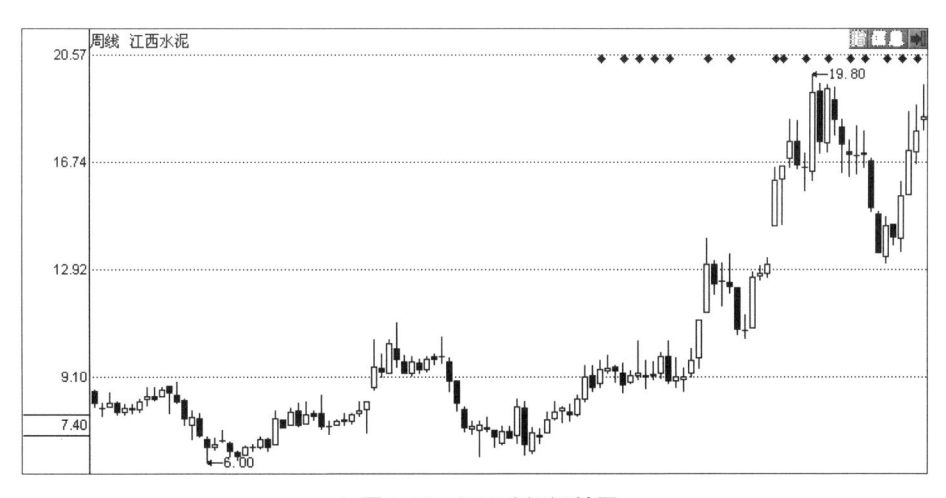

▲ 圖 1.42　江西水泥週線圖

用 210 張線圖學會，
《建倉、洗盤、拉升、落跑》的大戶賺錢腦

截至日期:2011-03-31 十大流通股东情况 股东总户数:57910

股东名称	持股数(万股)	占流通股比(%)	股东性质	增减情况(万股)
ASIA BOTTLES (HK) COMPANY LIMITED	19960.57	29.00	A股 公司	新进
中国银行－华夏大盘精选证券投资基金	1554.77	2.26	A股 基金	新进
中国建设银行－华夏红利混合型开放式证券投资基金	1208.06	1.76	A股 基金	新进
中国银行－华夏策略精选灵活配置混合型证券投资基金	996.52	1.45	A股 基金	新进
交通银行－华夏蓝筹核心混合型证券投资基金(LOF)	970.61	1.41	A股 基金	新进
中国建设银行－华夏盛世精选股票型证券投资基金	734.15	1.07	A股 基金	新进
中国银行－华夏行业精选股票型证券投资基金(LOF)	619.73	0.90	A股 基金	新进
东方证券股份有限公司客户信用交易担保证券账户	445.54	0.65	A股 公司	新进
DEUTSCHE BANK AKTIENGESELLSCHAFT 德意志银行	434.00	0.63	A股 QFII	新进
中信信托有限责任公司－上海建行820	377.00	0.55	A股 基金	新进

▲ 圖 1.43　珠海中富股東情況

▲ 圖 1.44　珠海中富週線圖

1.3 大戶的優勢很多，但也有弱點

儘管大戶有雄厚的資金可以提前干預股市，可以說在一定程度上讓股價按照其意圖運行，但不等於說大戶絲毫沒有弱點。以下我們就大戶常見的一些優勢和劣勢來做分析。

1.3.1 大戶資金雄厚、消息靈通

大戶的優勢首先表現在有雄厚的資金，而這些資金就是他們在股市中拉升股價的工具。正因為散戶與大戶相比，資金上不佔優勢，因此只能被動接受股價走勢，絲毫沒有改變的能力。但散戶如果能跟莊操作，就可以輕而易舉利用大戶的雄厚資金來獲取收益了。

大戶的優勢還表現在消息十分靈通，在股市中，消息佔有舉足輕重的地位。有時突發的利空或利多的消息，都會引起股價大幅度波動，而大戶也不可避免地會受到各種資訊的衝擊。

有時儘管大戶在坐莊前已經計畫周密，有嚴格的操作方案和步驟，但若股市突然出現某類消息，也會打亂其操作計畫。因此大戶也十分關注各類資訊，還會經由各方面的關係，及時或者提前了解資

訊。此外，大戶還會經由各種手段，散佈假消息來迷惑散戶。

此外，大戶麾下有眾多的人才加盟。大戶坐莊的操作流程分工眾多，每個環節都會有專門的人員來操作，有的人員主要針對某檔股票的宏觀方面做調研，有的研究人員專門調查散戶跟進情況。

在這一點，散戶是與之無法相比的，許多散戶在買賣股票時往往是隨機的、感性的，而大戶則絕對不可能隨機買賣或者拉升股票。

成本方面，大戶比散戶更容易節約或者降低成本。在一些波動的行情中，大戶可以在拉升至某一高點時賣出股票，等待股價回落到某一低點時再買入股票。如此反覆多次不斷買賣股票，可以保證手中的籌碼數量不變，但吸籌的成本遠遠低許多。

如圖1.45所示為珠海中富的週線圖，橢圓形區域是波浪中的兩個波谷，這是大戶此吸籌，買入股票的時機。等待未來大幅拉升後，大戶的平均成本會降低。

而散戶的資金往往有限，因此很難經由低買高賣來降低成本。很多小型投資者僅僅買入一次股票，就沒有剩餘資金可以調配了。

另外，大戶還可以在大勢看好的情況下加倉買入股票，一方面可以促進股價的繼續推升，加大獲利空間，同時也大幅度降低股票的平均成本。

如圖1.46所示為天士力週線圖，橢圓形區域是股價被大戶打壓的結果。此時意志不堅定的投資者會紛紛離場，而大戶會在此時繼續買入，未來的拉升幅度遠遠大於之前的幅度。此次大戶的加倉購買，擴大了原有利潤。

第 1 章　什麼是大戶？法人、主力、自營商……

▲ 圖 1.45　珠海中富週線圖

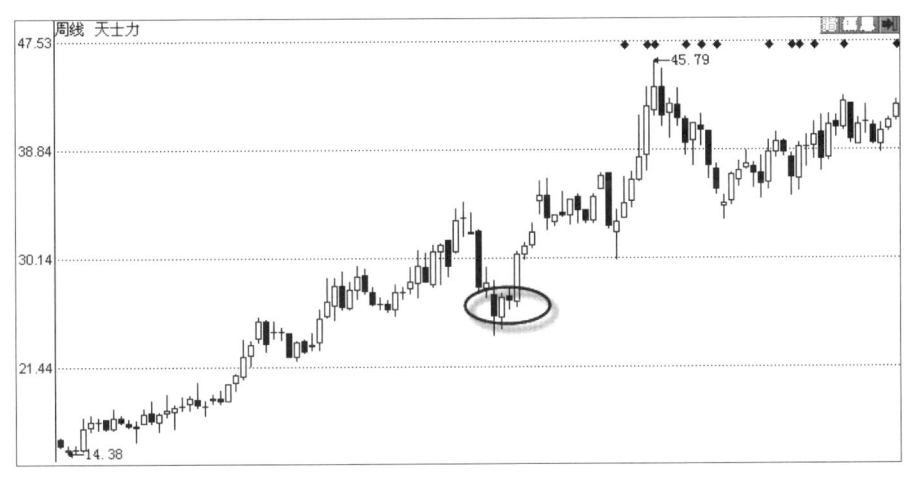

▲ 圖 1.46　天士力週線圖

1.3.2　持股部位大，很難一次性出貨

儘管大戶在股市中有呼風喚雨的能力，但也有自身的軟肋。首先，在某檔股票中，大戶僅僅是一個，而散戶就有成千上萬，這形成了以一敵萬的競爭場面。只要大戶操作稍有不慎，就會被眾多的散戶及時發現，造成坐莊失敗，產生巨額虧損。

儘管大戶有高級的分析團隊，但散戶中也有許多經過千錘百煉的老股民。他們在市場中經過多年摸爬滾打，練就一雙火眼金睛，對於大戶的一舉一動瞭若指掌。因此大戶在坐莊過程中也都是小心謹慎、戰戰兢兢，不敢有絲毫懈怠。

大戶擁有大量籌碼可以拉升股價，這是其優勢。但如此大量的籌碼，卻也造成大戶很難一次性出貨，這是其劣勢之一。散戶進行交易時，賣出股票是輕而易舉的事，畢竟其所賣出的股票數量，在整個交易量中連九牛一毛都算不上。

大戶持有的大量籌碼，是整個坐莊的環節中的一個關鍵點。只有將股票賣出，帳面的獲利才能成為真正的獲利。但大戶如果一次性將大量股票全部賣出，股價就會瞬間急速下跌，原有的帳面利潤可能馬上變成虧損。

因此大戶在出貨時必須要悄無聲息，不能被散戶發覺，這才是大戶在整個坐莊流程中最難的環節。

如圖 1.47 所示為三友化工的日線圖。儘管橢圓形區域不是整個行情的最高點，但這是大戶分批出貨的點位。只有這樣，大戶才能將手中的股票在股價下跌前分批賣出，而不引起市場中散戶的注意。

第 1 章　什麼是大戶？法人、主力、自營商……

▲ 圖 1.47　三友化工日線圖

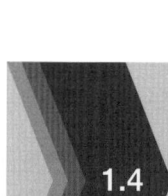

1.4 用數據解析大戶：成本、持倉量和利潤率

大戶坐莊時得計算有多少投資者跟進、得了解散戶的交易心態。同樣地，散戶在跟莊的過程中，也一定要了解大戶的動向，做到知己知彼百戰不殆。只有真正了解大戶的真正動向，才能掌握真正意圖，識別坐莊過程中的具體環節和流程。

1.4.1　算出大戶的建倉成本，能推測拉升是否接近尾聲

大戶在坐莊過程中會有一定的成本，所獲得的最後利潤，要扣除這部分成本。因此投資者如果能及時了解大戶的坐莊成本，在未來拉升的過程中，就可以知道拉升是否結束。

因為如果大戶拉升到某一個價位時，這個上漲空間還不足以彌補建倉成本，就說明建倉的拉升還沒有結束，投資者可以繼續持有股票，等待大戶進一步推高股價。

一般來說，要想計算大戶的建倉成本，最有效的方式便是經由換手率來計算。

第 1 章　什麼是大戶？法人、主力、自營商……

換手率＝成交量／流通量 ×100%

　　換手率是指，從大戶開始建倉到拉升股價這段時間內，股票轉手買賣的頻率。因為股票在被大戶拉升之前，都是建倉的過程。因此，如何判斷大戶開始建倉是很重要的，它直接關係到計算大戶成本是否準確。

　　一般經由週線圖來分析大戶是否建倉比較準確，如果週線圖的均線系統從空頭排列轉向多頭排列，表明大戶可能已經介入該股。而趨勢指標中的 MACD 如果形成黃金交叉，則可以視為大戶已經開始建倉。

　　如圖 1.48 所示為威孚高科的日線圖，橢圓形區域內，均線由空頭排列轉為走平，因此可以認定是大戶介入建倉的開始。等到大戶開始大幅拉升後，建倉工作就結束了。

　　無論短線大戶、中線大戶，還是長線大戶，所擁有的股票數量

▲ 圖 1.48　威孚高科日線圖

一般均在20%以上，否則無法控制股票價格走勢。如果大戶的籌碼在20%～40%之間，一般來說可以控制股價的走勢，但拉升難度較高，未來的漲幅也比較有限，屬於中短線大戶常有的市場規模。

而長線大戶的持倉量一般在40%～60%之間，甚至更多。如此規模的籌碼可以達到對股價的絕對控制，所以拉升股價的阻力就會很小，上漲的空間就很巨大。因此，大戶拉升股票的幅度與其持倉量有密切關係。

一般來說股價上漲時，大戶所佔的成交量在30%左右；股價下跌時，大戶的成交量僅佔20%左右。正常情況下，股價上漲時成交量會有放大的跡象，下跌時成交量也會逐步縮小。

假設放大的成交量與縮小的成交量之比為2：1，再假設股價上漲時的換手率為200%，下跌時換手率為100%。那麼大戶在整個這段時間內的持倉量就是40%（即200%×30%－100%×20%＝40%）。

如果從週線圖中MACD形成黃金交叉開始計算，一直到拉升股價時截止。將其間的各種成交量相加，便得到總的週成交總量，然後再用得到的數值除以流通量乘100%，便得到總的換手率。

而根據前面的推算，300%的換手率是大戶的持倉量在40%，因此如果換手率是在100%，那麼大戶的持倉量僅僅是在13.3%。儘管這種計算會有一定的誤差，但是非常簡單實用，可以快速了解大戶的持倉量。

如果總換手率在200%左右時，一般表示大戶會加快吸籌速度，不久後將要開始拉升之路。此時是散戶跟莊的最好時機，既可以避免大戶過長的建倉時間，又可以在不久後獲得較大的收益。如果總換手率已經達到300%，則表明大戶的建倉已經接近尾聲，拉升之路已經開啟。

第 1 章　什麼是大戶？法人、主力、自營商……

　　大戶建倉的總本，可以經由建倉過程中的區間上限和區間下限相加除以 2，來得出平均成本。雖然方法非常簡單但十分有效，誤差也不是很大。

　　如圖 1.49 所示為威孚高科的週線圖，橢圓形區域基本上是大戶加倉的位置。因為 MACD 給出黃金交叉的訊號，同時均線系統也出現走平態勢。根據這個區域的中位價值，大戶的成本大約在 4 元左右。

▲ 圖 1.49　威孚高科週線圖

1.4.2　大戶的持倉量，是跟莊過程中重要的數據

　　大戶的持倉量，是散戶在跟莊過程中必須要關注的一個數據。大致上了解大戶的持倉量就夠了，下面介紹一個常用的持倉量計算方式。

　　將某支個股一定週期內的換手率，減去同期大盤的換手率得到一個數值a，a乘以個股流通量b得到數值c，將c分別除以2和3，得到兩個數值，則大戶的持倉量就在這兩個數值之間。

　　例如，某檔股票流通量為5000萬股，換手率為24%，而大盤此時的換手率為14%。則：

5000萬股 ×（24% － 14%）＝ 500萬股

500萬股 ／2 ＝ 250萬股

500萬股／3 ＝ 166.7萬股

大戶的持倉量就在166.7萬～250萬股之間。

1.4.3　大戶利潤達標時會出貨，散戶應同步跟進

　　大戶必然要獲得可觀的利潤才會出場，如果能及時洞察到大戶現有的利潤率，便可以及時地判斷大戶是否準備開始出貨、跟莊的散戶是否應該及時出場。一般來說，一檔股票上漲100%，也就是股價翻了一倍，大戶的利潤率會在30%～40%之間。

　　因為在整個坐莊過程中，大戶各方面成本非常高，大量資金所耗費的利息、人員開支等各方面的成本，都迫使大戶必須拉升足夠的空間，才能獲得一定利潤。儘管有的大戶可能在資金來源或其他方面

具有一定優勢，成本可能略有降低，但總的利潤情況相近。

因此散戶在跟莊過程中如果掌握了這個規律，對比大戶的成本，大戶是否獲利及獲利大小，就能一目了然。

如圖 1.50 所示為珠海中富週線圖，橢圓形區域便是一個階段性的頭部。在沒有後面的趨勢之前，連續多個交易週的徘徊震盪，股民必定會猶豫。但如果仔細觀察就可以發現，此時大戶拉升的幅度不大，產生的淨利潤也不多，此時僅僅是洗盤的一個過程，不會是出貨。因此散戶可以繼續持有股票，等待上漲。

▲ 圖 1.50　珠海中富週線圖

第 2 章

大戶操盤 4 個思考步驟，搞清楚就不會跟錯點位

2.1 思考第1步：建倉，利空消息時積極買入

建倉是坐莊過程中的第1步，也是坐莊的起始點。當大戶選定某檔股票時，開始積極購入股票、吸納籌碼；等到具有足夠多的持有量時，坐莊中的建倉過程即將結束。但是大戶不是隨意開始建倉流程，而是要在相應的形勢下，才會開始坐莊活動，完成建倉任務。下面介紹一些常見的建倉時機。

2.1.1 散戶的利空消息，大戶的建倉時機

【大戶意圖】

股市中常會出現利空消息，這些消息有可能是上市公司發佈的，也可能是國家宏觀調控和相關部門發佈的利空措施和政策。當這些利空消息出現時，往往造成股價大幅下跌，散戶會產生恐慌心理及時賣出手中的股票，結果又一次打壓股價。

但正是在這種利空的環境下，大戶往往選擇開始建倉。這時候吸納籌碼、買入股票可以節省大量資金成本。因為散戶大量的賣盤出現，正好方便大戶建倉，短期內就可以完成。

【個股分析】

如圖2.1所示為紫金礦業日線圖，該股一直處於橫盤狀態。8月初，市場流傳公司的負面消息，如紫金礦業的污水滲漏等，這個利空的消息反而給坐莊者建倉機會。正是在這個時候，大戶利用散戶不敢買入股票的心理，輕鬆吸夠籌碼，為後期的快速拉升做準備。

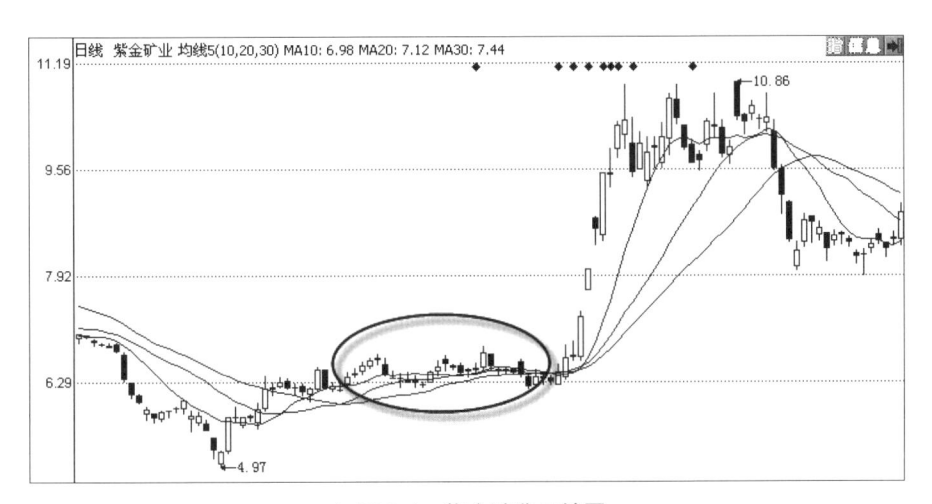

▲ 圖2.1　紫金礦業日線圖

2.1.2　下跌建倉的週線圖：行情已接近市場底部

【大戶意圖】

如果沒有任何利空或利多的消息，大戶往往會在普遍下跌的過程中分批買入股票進行建倉。儘管沒有利空消息的配合，但股民往往認為股價已經處於極低價位，大戶在此時吸納籌碼，所付出的資金成本較小。且此時吸納籌碼一般來說不會留下明顯跡象，散戶很難發現大戶行為。

【個股分析】

　　如圖 2.2 所示為威孚高科的週線圖，橢圓形區域顯示股價處於下跌行情，已經接近市場的底部，此時 MACD 指標出現黃金交叉，說明大戶已經開始建倉。

　　如圖 2.3 所示為柳工週線圖，橢圓形區域儘管不是股價的最低點，但已經處於極度的下跌之中。大戶在此時吸納籌碼不僅成本較低，且不會引起散戶注意。如果跟莊者注意到 MACD 指標的黃金交叉，就應該對建倉行為有所警覺。

▲ 圖 2.2　威孚高科週線圖

▲ 圖 2.3　柳工週線圖

2.1.3　下跌建倉的月線圖：賣盤減少，成交量低迷

【大戶意圖】

　　一般來說下跌過程中，大戶建倉是逐步完成的。大戶並不是一次大量買入股票，而是分多次少量吸納籌碼，逐漸完成建倉過程。因此，此時成交量上不會出現極度放量的現象，隨著股價的繼續下跌和散戶賣盤減少，成交量反而會呈現低迷萎縮的現象。

【個股分析】

　　如圖 2.4 所示為徐工機械月線圖，橢圓形區域是大戶在下跌過程中的建倉過程，此時的成交量依然萎靡不振。

▲ 圖 2.4　徐工機械月線圖

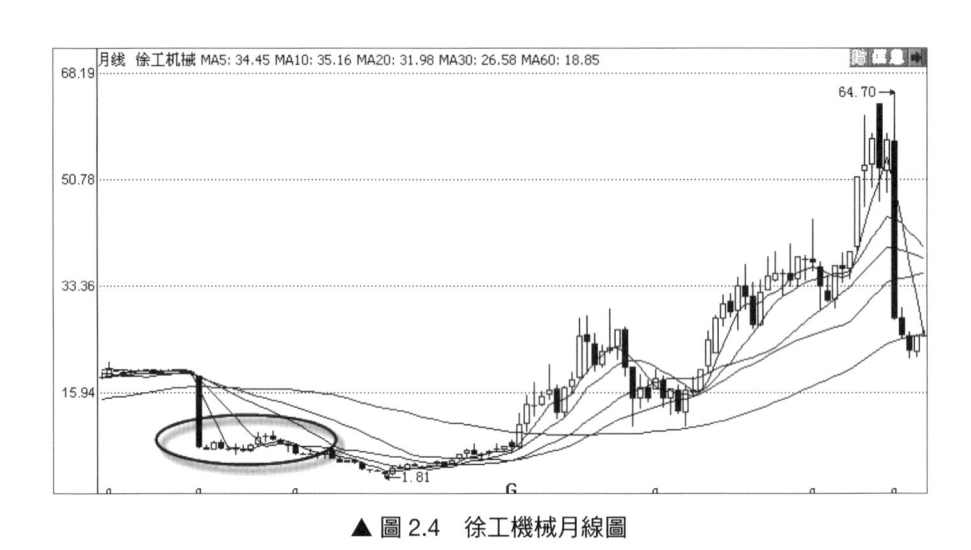

2.1.4　下跌建倉的分時圖：出現小幅下跌趨勢

【大戶意圖】

在分時圖上，大戶會在股價下跌的過程中開始隱密建倉。此時散戶如果仔細觀察就會發現，往往會出現一些較大數量的賣單，甚至以千張、萬張的形式出現。但這些賣單絕大部分不會成交，而只是以掛單的形式出現。等待股價繼續下跌之後，這些賣單就會以另外一個價位繼續出現，這只不過是矇蔽散戶的手段，意味著行情似乎還會繼續下跌，有大量的賣盤出現。

實際上盤面中出現的幾十張小額買單，才是真正意義上的成交數量，這些買單是大戶在逐步建倉的明顯特徵。

【個股分析】

分時圖中常常出現小幅的下跌趨勢，來配合大戶的建倉行為。如圖 2.5 所示為龍淨環保分時圖，可以看到股價小幅下挫，說明有人

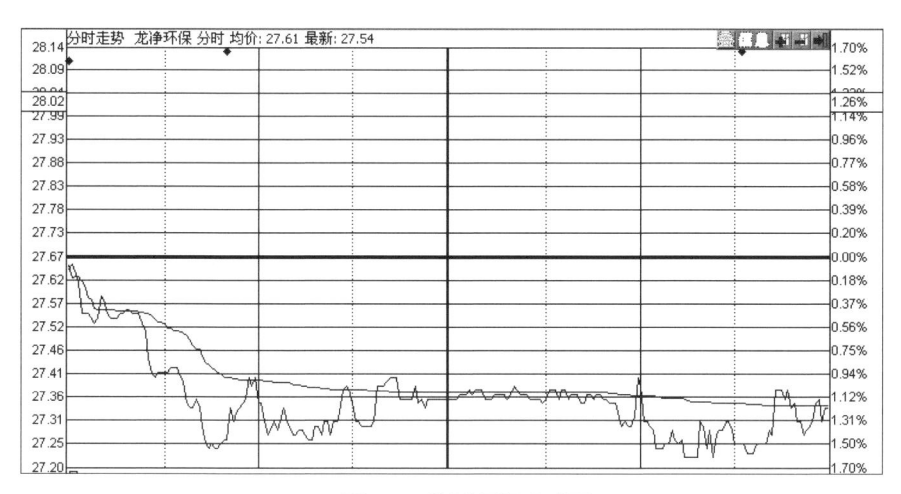

▲ 圖2.5　龍淨環保分時圖

開始介入市場了，因此才能減緩下跌的行情。在技術指標中，各條均線一般會出現空頭排列的型態，無論短期均線、中期均線，還是長期均線，一般都會處於向下運行的態勢，表明後市還有很強的跌勢。但大戶往往在這種環境下，開始建倉的活動。

一般來說，由於受到大戶少量買入股票的影響，股價往往會減小下跌的趨勢，在短期均線的壓制下運行，但不會大幅偏離。一旦建倉工作完成，股價往往會最先突破短期均線而向上拉升。

如圖2.6所示為柳工週線圖，橢圓形區域是大戶開始建倉的時機，此時股價始終在五日均線以下運行，沒有大規模偏離均線。等到箭頭指向的位置時，大戶完成建倉工作開始向上拉升，股價也是向上穿越了短期均線，均線也逐漸開始向上發散。

大戶隱蔽建倉的過程中，也會在K線走勢圖中留下一些細小痕跡。一般情況下，此時在K線走勢圖中有小陰線、小陰星、小陽線、小陽星相互交錯出現的走勢。因為儘管股價依然處於下跌的趨

▲ 圖 2.6　柳工週線圖

勢，但由於大戶已經開始介入、買入股票，下跌的趨勢必然有所減緩，因此一般不會出現大陰線。

同時又由於大戶買入股票是分批進行的，且每次買入的數量不多，因此不會出現大幅拉升的現象，大陽線的 K 線型態也同樣不會出現。因此更多出現的是小陽線、小陰線交錯出現的型態。如圖 2.7 所示為威孚高科週線圖，可以看到橢圓形區域內的 K 線實體非常小，且陰陽夾雜出現，大戶正是在這個掩護下開始建倉工作。

當大戶的建倉工作接近尾聲時，也同時意味下跌制約即將結束，這時分時走勢圖中會出現相應變化。如果散戶及時發現這些細小特徵，就可以了解大戶的動向。此時是跟莊者買入股票的最佳時機，既能避免等待大戶漫長的建倉過程，又能及時抓到市場底部。

一般來說，當大戶建倉工作即將結束時，分時走勢圖中的股價會出現逐步攀升走勢，震盪幅度越來越小，甚至整個交易日的股價波動範圍也不大，但整體呈現上行的態勢。如圖 2.8 所示為新希望分時

第 2 章　大戶操盤 4 個思考步驟，搞清楚就不會跟錯點位

▲ 圖 2.7　威孚高科週線圖

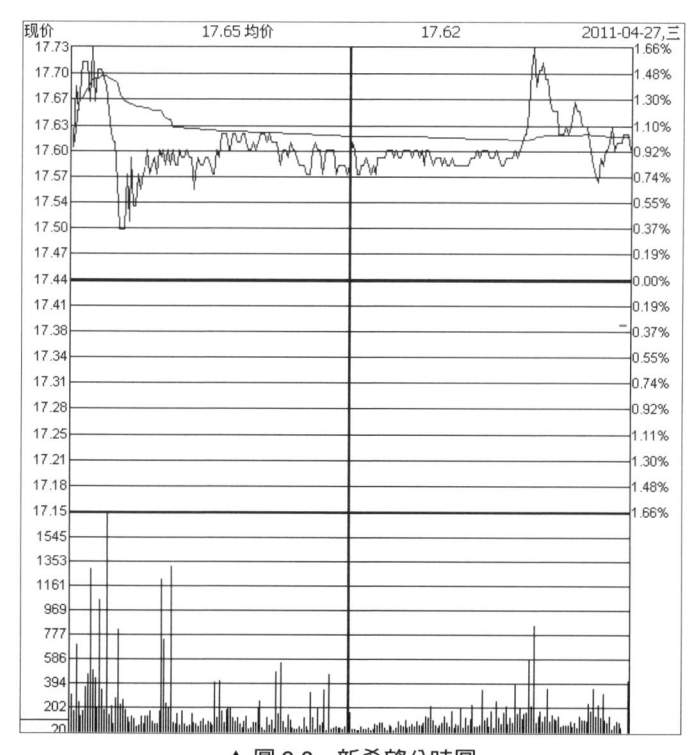

▲ 圖 2.8　新希望分時圖

圖，可以看到，在建倉結束的交易日內股價波動範圍很窄，基本上在當日平均價附近震盪，且整體趨勢略向上。

2.1.5 下跌建倉的成交量：已握有籌碼，成交量明顯萎縮

【大戶意圖】

在成交量方面，當大戶建倉工作即將結束，成交量會明顯萎縮。因為此時絕大部分的籌碼，都已經被大戶吸納在自己的手中，因此買賣股票的數量自然減少。

【個股分析】

如圖2.9所示為新希望日線圖，在股價下跌的末期大戶開始進入市場，但直至建倉結束，成交量依然保持萎縮低迷狀態。

▲ 圖2.9 新希望日線圖

2.1.6 下跌建倉的均線：由空頭轉為多頭

【大戶意圖】

在移動平均線方面，隨著大戶建倉結束，股價下跌之路也即將結束。因此，原來有的空頭排列型態，也隨著多條均線逐漸走平而即將結束，此時短期均線會首先出現走平甚至掉頭的跡象。其次，相應的中期均線和長期均線，也逐漸產生這種變化。

【個股分析】

如圖 2.10 所示為威孚高科週線圖，可以看到當大戶完成底部建倉後，均線由空頭排列轉化為多頭排列，且短期均線是最先掉頭向上運行的。

▲ 圖 2.10　威孚高科週線圖

2.1.7 下跌建倉時，常出現槌子線等K線組合

【大戶意圖】

在K線方面，當大戶完成建倉工作時，一些經典的K線組合會出現。例如錘子線、啟明星型態等，都是常見的建倉結束。當然有時出現一支大陽線，且此時伴隨的成交量卻非常小。這意味著大戶已經控制整個局面，完成吸籌工作。

【個股分析】

如圖2.11所示為柳工週線圖，可以看到建倉結束後，K線出現早晨之星型態，這在K線分析中十分重要，股價止跌回升的預測意義很大。如圖2.12所示為三一重工小時圖，可以看到在大戶建倉末期出現一個看漲吞沒型態，結束之前漫長的建倉過程，開啟未來的拉升之路。

▲ 圖2.11 柳工週線圖

▲ 圖 2.12　三一重工小時圖

2.1.8　盤整過程中建倉，散戶賣盤大增

【大戶意圖】

　　股價位於上漲的趨勢時往往不是直線上升，而是會在某一價位出現長時間的盤整狀態。表面上來看，似乎這是多空雙方激烈交戰的現象，但實際上大戶在此時會神秘地進場建倉。因為對於散戶來說，股價只上下震盪一段很短的時間，長時間卻不上漲，很浪費資金成本。很多無法忍受這種時間煎熬的交易者，往往會賣出手中的股票，選擇其他的股票進行投資。

　　散戶們爭先拋售的股票，會完全被大戶吸納。因此在盤整震盪的過程中吸納籌碼，所花費的代價是極其有限的。如果盤整的時間越長，禁不住時間折磨的散戶也就越多，散戶的賣盤也因此會大增。那麼大戶吸納的籌碼也就越多，未來拉升股價的空間也就越大，選擇留守繼續跟莊的投資者，未來的收益也就越大。

71

【個股分析】

如圖2.13所示為紫金礦業日線圖，橢圓形區域是一個長達一個多月的盤整行情，大戶正是在這個時間內完成建倉過程。從圖中也可以看到，當建倉結束後，大戶的拉升速度很快，這說明在建倉過程中吸納了夠多籌碼。

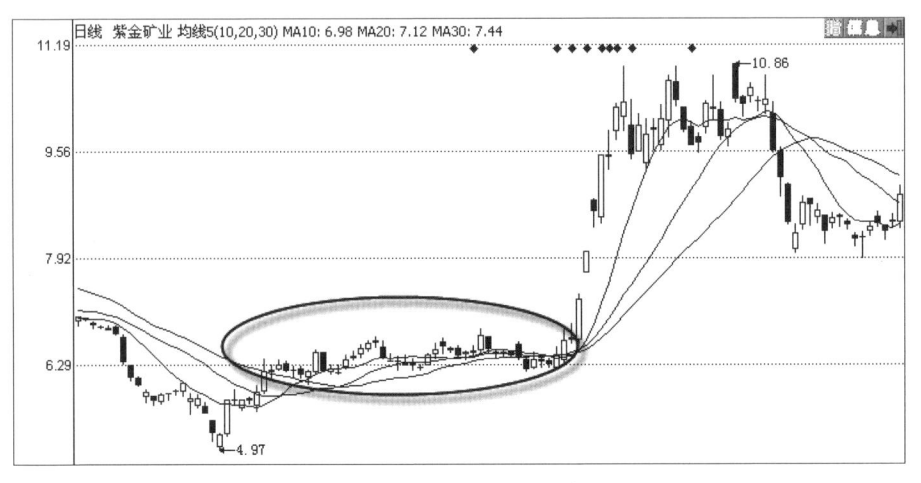

▲ 圖2.13　紫金礦業日線圖

2.1.9　盤整建倉的成交量，基本上保持一致

【大戶意圖】

在橫盤過程中，大戶的建倉活動非常隱秘，成交量上不會出現明顯放大跡象，否則大戶的建倉活動就會暴露給眾多散戶，這當然是他們無法容忍的。因此僅從成交量上來看，成交量與之前基本上會保持一致，甚至還有逐漸縮小的跡象。

【個股分析】

如圖2.14所示為徐工機械月線圖，橢圓形區域內股價始終處於盤整行情，且盤整時間長達幾年。在這個時間內成交量萎靡不振，整體股市都是比較低迷的。儘管偶爾會出現增大的跡象，但瞬間又再次縮小。因此為了不引起注意，大戶在這個階段，成交量在盤面上的特點是很低迷、極小的。

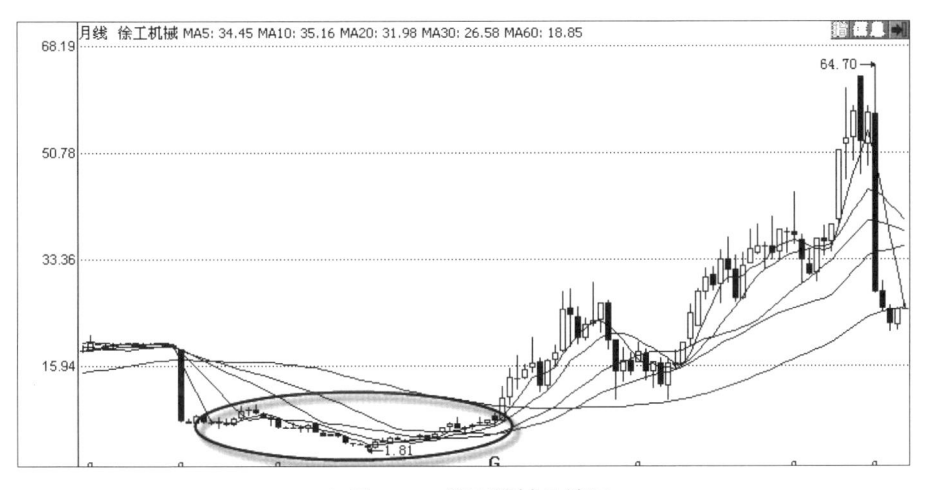

▲ 圖2.14　徐工機械月線圖

2.1.10　盤整建倉的均線：處於纏繞黏合狀態

【大戶意圖】

在移動平均線系統上，短期均線往往處於長期黏合的狀態，這是因為股價長期保持橫盤整理的狀態。大戶吸籌的時間越長，盤整的週期越長，均線黏合的程度也就越高。

【個股分析】

如圖2.15所示為大成股份週線圖，可以看到，在上漲過程的盤整時期，大戶吸納更多廉價籌碼，而此時的多條均線都出現纏繞黏合現象。如果盤整的週期越長，均線的這種特徵也就越明顯。

如圖2.16所示為粵高速A月線圖，可以看到，股價在市場底部附近盤整一兩年之久，均線幾乎全部黏合在一起。等大戶開始拉升後，均線開始向上發散。

2.1.11　盤整建倉的K線：小陰線和小陽線交錯出現

【大戶意圖】

在大戶建倉的這個時期，K線圖常常給出小陽線和小陰線交錯出現的圖形。而且這些K線絕大部分都具有上下影線，因為大戶要避免股價的過分拉升，因此大陽線基本上不會出現。

大戶要保證股價在一個區間內上下震動，陰線和陽線就要相互夾雜出現。此時從K線走勢圖來分析，雙方力量幾乎均等，但實際上大戶正是在這個走勢背後完成建倉過程。

【個股份析】

如圖2.17所示為中科英華月線圖，可以看到股價在市場底部長期盤整，K線實體非常小，甚至還有多根K線出現十字線型態，而大戶在此時正在悄無聲息地吸納籌碼，進行建倉活動。等建倉結束後，股價一飛衝天直達32.00元的高位。

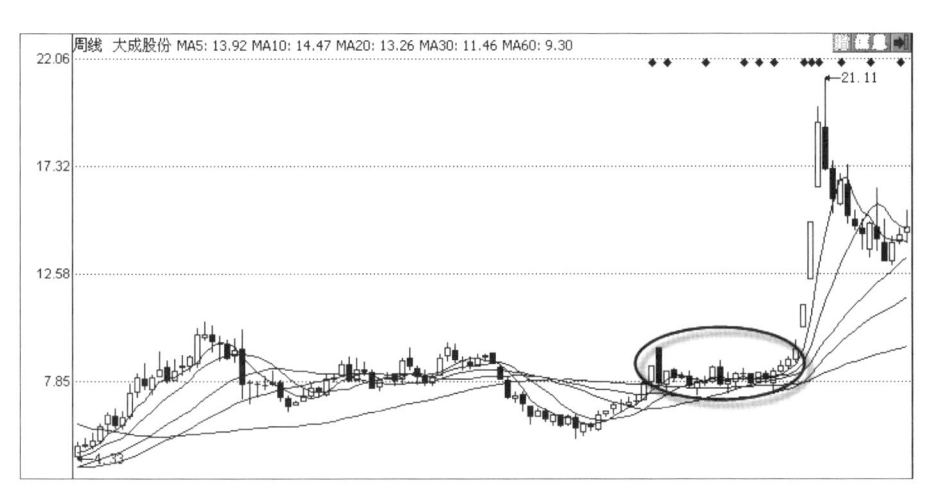

第 2 章　大戶操盤 4 個思考步驟，搞清楚就不會跟錯點位

▲ 圖 2.15　大成股份週線圖

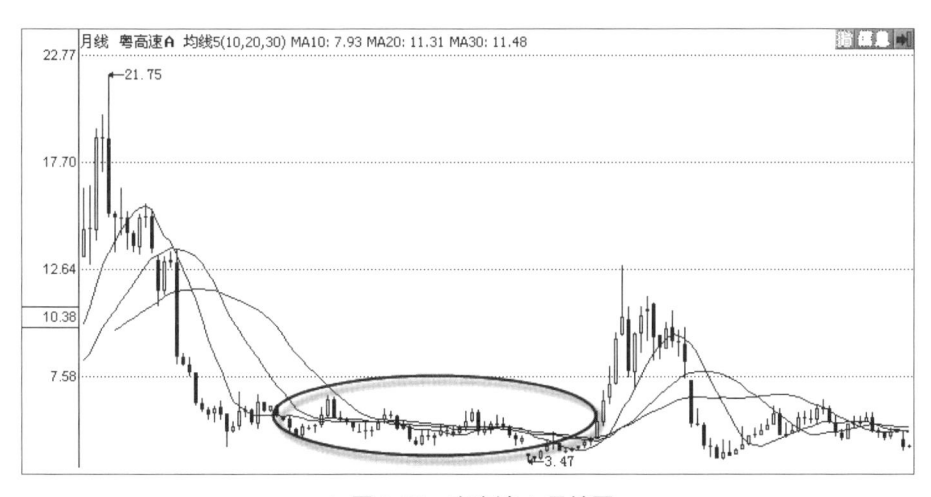

▲ 圖 2.16　粵高速 A 月線圖

75

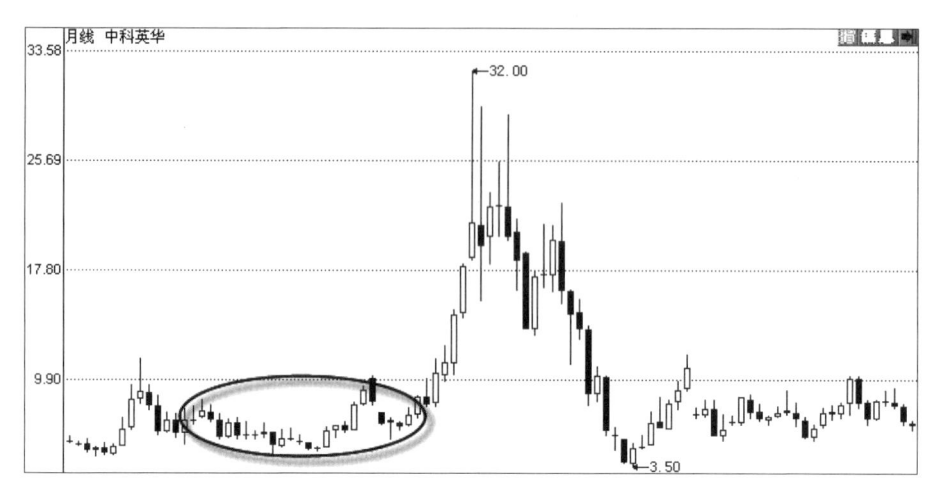

▲ 圖 2.17　中科英華月線圖

2.1.12　盤整建倉的分時圖：大單幾乎都不會成交

【大戶意圖】

在分時走勢圖上，這段時間常會有較大的買單和賣單同時出現，但總的成交量卻很少。因為這些買單和賣單基本上不會成交，發出的大額買單和賣單僅僅是迷惑散戶的手段。

大戶要在此時完成建倉狀態，因此不可能讓大量的買單和賣單大幅度推高或壓低股價，造成股價劇烈波動。

【個股分析】

如圖2.18所示為長航油運分時圖，可以看到買盤和賣盤的盤面都有大量掛單。但是這些單幾乎沒有成交，股價僅僅在一個十分狹窄的區域內波動，可見大額的掛單，只是迷惑散戶的手段而已。

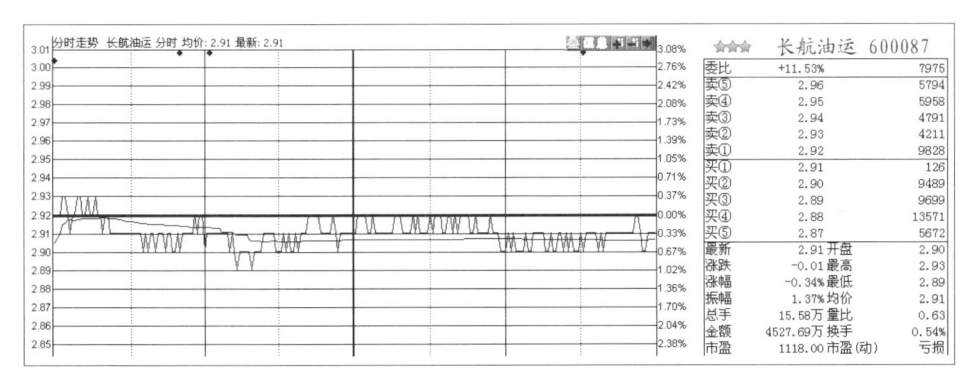

第 2 章　大戶操盤 4 個思考步驟，搞清楚就不會跟錯點位

▲ 圖 2.18　長航油運分時圖

2.1.13　盤整建倉後期的盤面：常會出現一根大陽線

【大戶意圖】

在此階段，如果大戶完成建倉工作開始拉升，常會給出一根大陽線且伴隨放量，表明股價已突破此盤整區域，之後將開啟拉升之路。因此從 K 線圖中就可以得到股價突破盤整，即將上漲的結論。

【個股分析】

如圖 2.19 所示為武鋼股份月線圖，可以看到股價在底部盤整數月之久，在完成建倉後出現一根大陽線，成交量也伴隨股價拉高而出現放量的跡象。這就是大戶完成建倉的特徵，也是跟莊者進場的訊號。

在均線系統中，隨著大戶建倉工作結束，原有的均線黏連狀態也會逐漸變成向上發散的態勢。這說明原有的盤整行情即將終結，隨著大戶的拉升之路，股價即將上行。

如圖 2.20 所示為民生銀行日線圖，可以看到，股價在市場底部出線明顯的盤整行情，均線從之前的空頭排列轉變成相互黏合。但隨

77

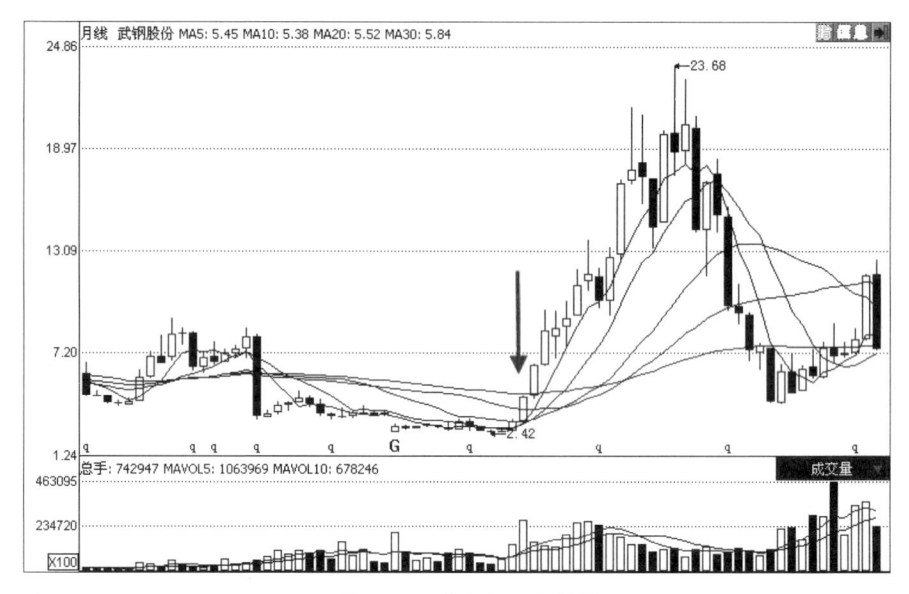

▲ 圖 2.19　武鋼股份月線圖

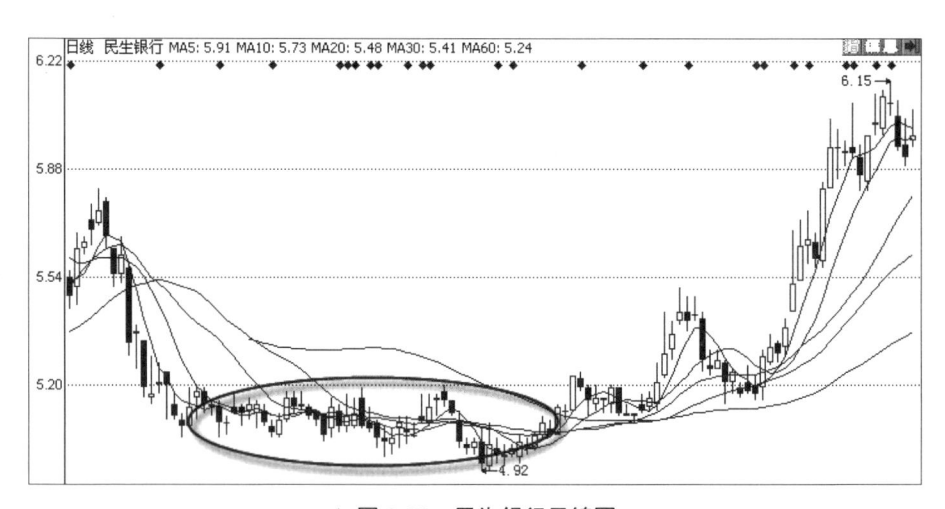

▲ 圖 2.20　民生銀行日線圖

著大戶建倉結束股價得到拉升，走出盤整區間，此時均線也開始向上，逐步向多頭排列轉換。

2.1.14 打壓股價製造下跌假象，完成建倉

【大戶意圖】

股市中，大部分投資者選擇技術分析此工具來進行買賣。因此大戶往往會破壞技術圖形，造成散戶經由技術分析得出後期走勢即將下跌的結論，迫使散戶賣出股票，完成吸籌建倉。也就是說，大戶會利用現有的籌碼打壓價格，造成散戶的恐慌，讓散戶感覺後期股價將要下跌，從而賣出股票，大戶完成建倉。

【個股分析】

如圖 2.21 所示為西部建設日線圖，可以看到，大戶在市場底部多次打壓股價，使股價幾次下穿短期均線，造成將要下跌的假象。但

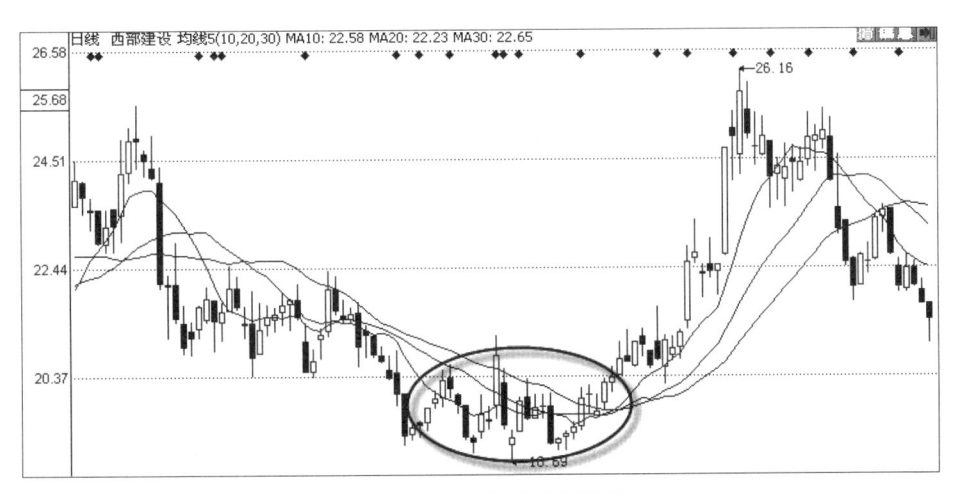

▲圖 2.21　西部建設日線圖

當更多的散戶忍痛賣股後，大戶便以較低廉的價格買進這些籌碼，完成加倉工作。

如圖2.22所示為中信證券日線圖，可以看到，股價在接近市場的底部出現一個雙重底型態，但第二天出現大幅跳空，從技術上分析可以得出雙重底失敗的結論。且開低走低的局面，意味著後市將延續下跌的行情。大戶正是需要這種判斷，希望更多散戶賣股出場，才能以更低的價格買進散戶的賣盤，進行建倉。

▲ 圖2.22 中信證券日線圖

2.1.15 打壓股價建倉的成交量，對散戶不利

【大戶意圖】

一般來說，採用這種方式進行建倉對散戶非常不利，因為散戶很難分清行情是真的要下跌，還是大戶在故意打壓。但有一個特徵，還是可以幫助散戶做出正確判斷。

一般而言在股價下跌的過程中，成交量不會出現放大跡象，而K線圖可能會給出大根的陰線。這種快速下跌往往是大戶故意打壓造成的，大根陰線的實體只是為了嚇跑更多散戶。

【個股分析】

如圖2.23所示為西藏藥業日線圖，可以看到股價下降末期，一連幾個交易日都出現大根陰線，成交量卻沒有明顯變化，整體成交量依然很小。因此，這種快速下跌的行情，完全是大戶一手策劃的，目的就是讓更多散戶出場，將廉價的籌碼轉移到自己手中。

▲ 圖2.23　西藏藥業日線圖

2.1.16　股價拉升後，大戶還會繼續建倉

【大戶意圖】

當股價開始被大戶向上拉升時，有的大戶還會繼續建倉。因為上漲之路並非一帆風順，沒有永遠直線向上的上漲，中間必定會出現短暫回檔。一些意志不堅定的散戶，往往會在這些回檔的時候賣股票，其賣出的股票正是大戶繼續建倉吸納的對象。因為在拉升過程中建倉吸納籌碼，對大戶來說是降低坐莊成本的一種有效手段。

【個股分析】

如圖2.24所示為民生銀行日線圖，可以看到在大戶拉升股價的過程中，出現幾次回檔。一定有一部分風險承受能力不強的投資者，在此時賣出股票，他們往往寧願獲得較小的利潤，也不願意承擔潛在的虧損。而其賣出的股票會被大戶全部接納，為繼續推升股價吸納更多籌碼。

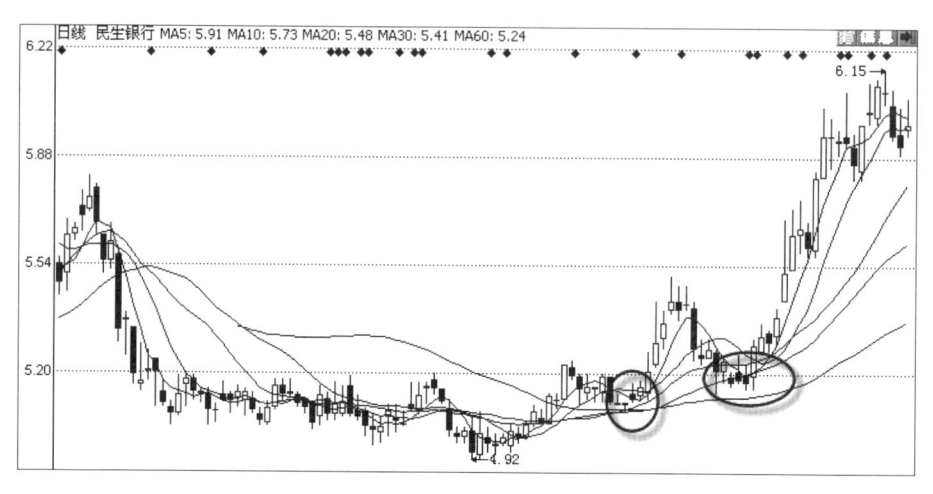

▲ 圖2.24　民生銀行日線圖

第 2 章　大戶操盤 4 個思考步驟，搞清楚就不會跟錯點位

一般來說，大戶會拉出一根比較長的陽 K 線，迫使意志不堅定的跟莊者認為股價已經很高、大戶可能會出貨，從而過早賣出手中的股票。

如圖 2.25 所示為浙江東方日線圖，可以看到，在大戶拉升股價的途中拉出一根大陽線，此時已經距離市場底部有不小漲幅。一部分散戶會認為此時利潤已經不菲，可以出場了。

此後第二個交易日走出陰線，又會使一部分人認為大戶在拉出大陽線後開始出貨，於是紛紛離場。他們賣出的股票全部進入大戶手中，等無人再賣出時，大戶拉升的勢頭會更猛烈。因此跟莊者在看到大陽線後可以不必驚慌，繼續持有股票獲利會更好。

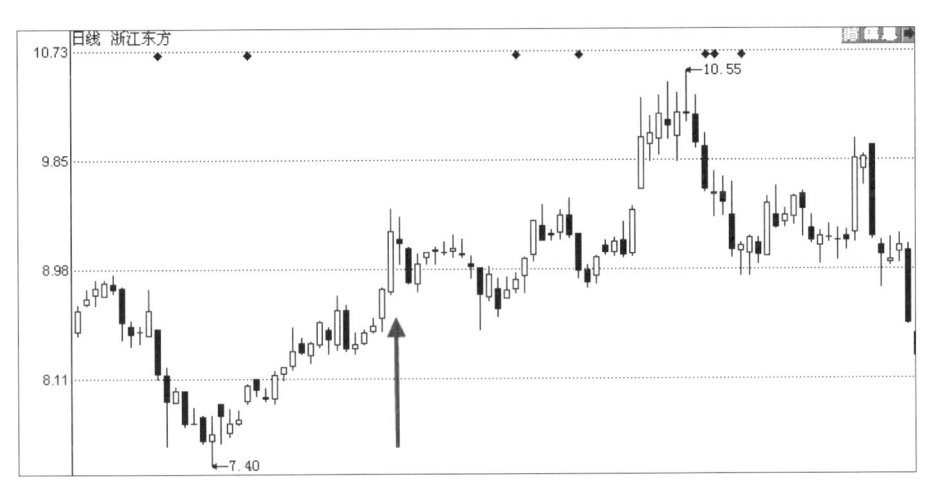

▲ 圖 2.25　浙江東方日線圖

2.1.17 拉升股價建倉的成交量，會有持續放大跡象

【大戶意圖】

大戶繼續吸納籌碼的拉升過程中，成交量不會明顯放大，但會有持續放大的跡象。這說明大戶的建倉和拉升過程還沒有結束，後期的拉升之路還將繼續，跟莊者完全沒有必要過早賣出股票。

【個股分析】

如圖2.26所示為中色股份日線圖，可以看到在大戶拉升股價的過程中，成交量始終是穩步增長的，這說明有一部分跟風買入的多頭。

但當股價下調時，成交量沒有突然增大而是稍稍減少，這說明沒有大量的賣盤拋出，大戶依然持有股票，投資者完全可以繼續持有。

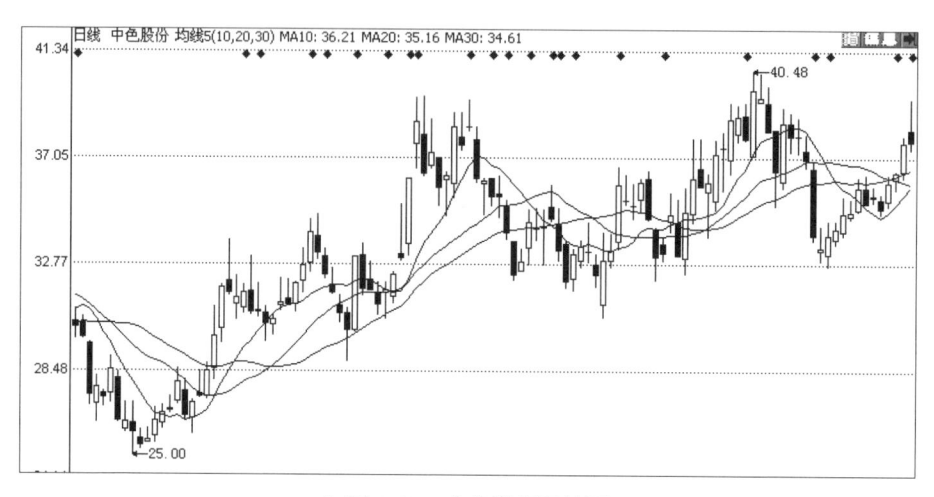

▲ 圖 2.26　中色股份日線圖

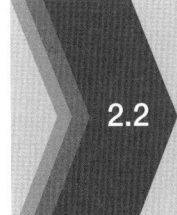

2.2 思考第 2 步：震倉，打壓股價後低價買入

大戶建倉完畢後，通常會有一個震倉過程。所謂震倉又稱「洗盤」，是指大戶在拉升過程中打壓股價，使一些膽小、意志不堅定的投資者賣掉手中的股票，從而減少跟莊者的數量。

2.2.1 為什麼要震倉？

大戶經由震倉操作，一般可以獲得兩方面的好處。

第一，在震倉的過程中，會有許多意志不堅的跟莊者賣出股票，於是大戶得以避免和更多投資者分利潤，而獨享大部分利潤。

第二，在散戶賣出股票的同時，大戶可以用很低的價格吸納散戶的這些賣盤，使其擁有的籌碼更多，獲取的收益更大，這也是大戶降低平均持有成本的一種常見方式。

因此，不論做哪檔股票的大戶，在坐莊流程中都會出現震倉，且有時還不只一次，而是在拉升的過程中長期或反覆震倉。直至大戶認為將大量的散戶清除，才會進行快速拉升。

2.2.2　違反技術分析圖表規則的震倉

大戶震倉的方式有很多，其中最常見的，就是利用違反技術分析圖表的走勢規則。因為在眾多的分析方法中，投資者最常用的還是技術分析，也就是大多數人會選擇經由判斷價格走勢圖來買賣股票。

因此大戶常經由一些手段破壞技術分析圖表的走勢，讓投資者產生股票將要下跌的判斷，進而相繼賣出股票。實際上這只是大戶的一種手法而已，股市並非真正下跌。

【大戶意圖】

技術分析方法包括很多具體的分析方法，例如有均線的各種型態、K線的各種型態、各種指標的使用方法等，大戶也正是利用這些大眾常用的分析工具，來矇蔽投資者。

也就是說大戶常經由操縱股價，使走勢圖形成看跌訊號。散戶根據原有的分析理論，自然會得出股市即將下跌的訊號，那麼跟莊者必然會賣出股票，這時大戶震倉的目的就達到了。

【個股分析】

如圖 2.27 所示為中科英華日線圖，可以看到走出一個上吊線的變體。根據 K 線理論，上吊線的反轉力是很強的，也就是說後期股價將要結束原有的上漲走勢。且此上吊線是陰線，之前的 K 線走出一根長長的上影線，證明了空頭的壓力。

不少散戶根據 K 線理論此時會選擇獲利了結，而大戶就是經由 K 線圖的走勢達到震倉目的，使一部分跟莊者提前出場。

如圖 2.28 所示為中色股份日線圖，箭頭指向的 K 線向下穿越短期均線。根據均線的交易理論，這是行情將要向下反轉的跡象。後一日股價依然下跌，但幅度不大，儘管如此也有不少的跟莊者賣出股

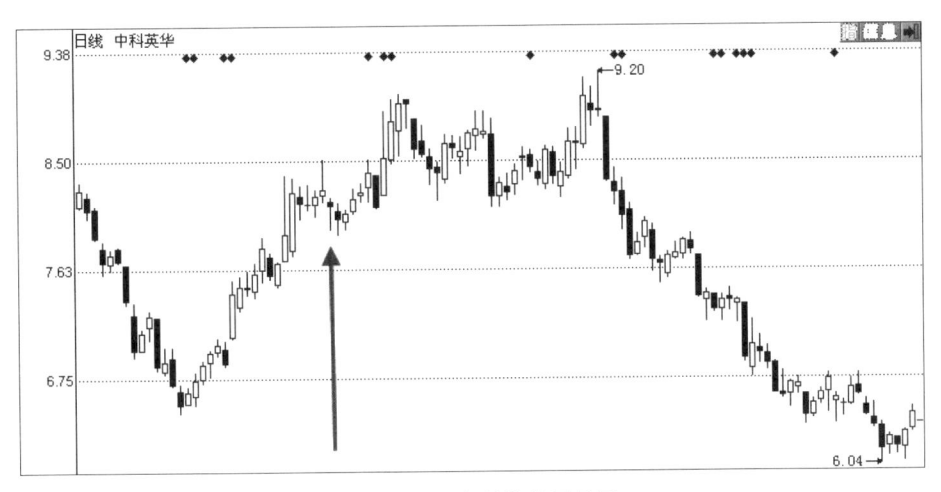

第 2 章 大戶操盤 4 個思考步驟，搞清楚就不會跟錯點位

▲ 圖 2.27 中科英華日線圖

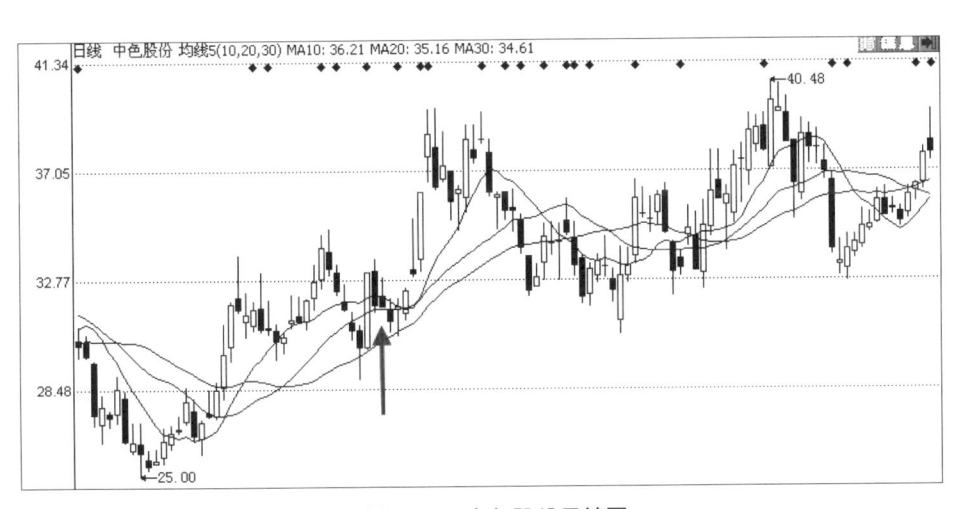

▲ 圖 2.28 中色股份日線圖

票。此後大戶拉升股票，僅僅幾天的震倉，就甩掉了一部分搭順風車的散戶。

如圖2.29所示為民生銀行日線圖，可以看到，股價是長期盤整在一個窄小的區間內的。但當股價向下突破這個盤整區間內的最下方後，並沒有按照技術分析的理論向下大幅運行，而是出現向上拉升的跡象。

事實上，這就是大戶利用部分散戶根據圖形做交易的習慣，故意向下打壓股價來欺騙散戶。

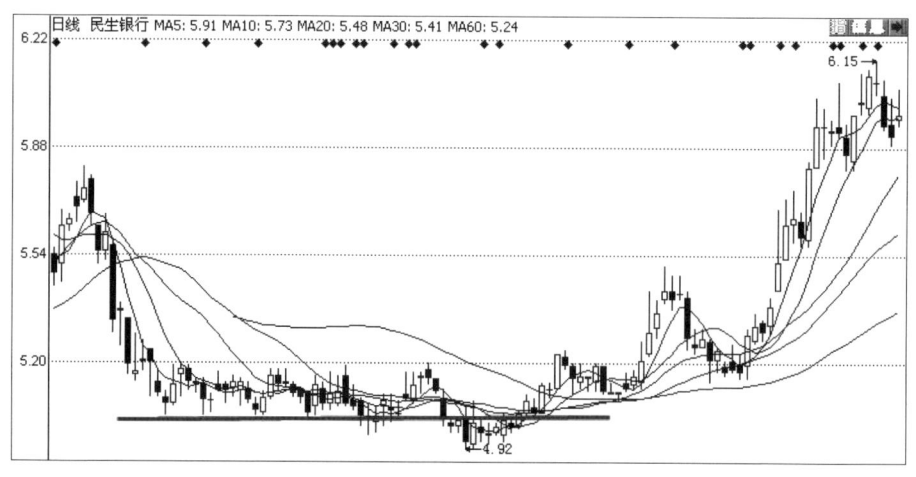

▲ 圖2.29　民生銀行日線圖

2.2.3　教你破解震倉的技術圖表特徵

【大戶意圖】

既然技術走勢中的一些看跌訊號，有可能是大戶刻意做出來的，那就需要散戶擦亮眼睛，正確識別哪些訊號是真實的看跌訊號、

哪些訊號是大戶的矇蔽手段。其實大戶採用這種手段震倉時，盤面會出現各種可供判別的訊號。

例如，均線系統一般會處於多頭排列的型態，至少也會出現走平現象。但大戶震倉時，短期均線一般會有向下運行的態勢，而其他均線一般仍處於向上的多頭排列狀態。

【個股分析】

如圖 2.30 所示為西藏藥業日線圖。當大戶開始拉升股價後，均線給出多頭排列型態，這也說明大戶的拉升比較快。當大戶故意打壓股價進行震倉時，短期均線略微出現向下的跡象，而長期均線和中期均線依然保持原有的向上運行態勢。

因此，跟莊者完全可以由此得出這是大戶在震倉的結論，可以繼續持有股票，不必理會這一操作。

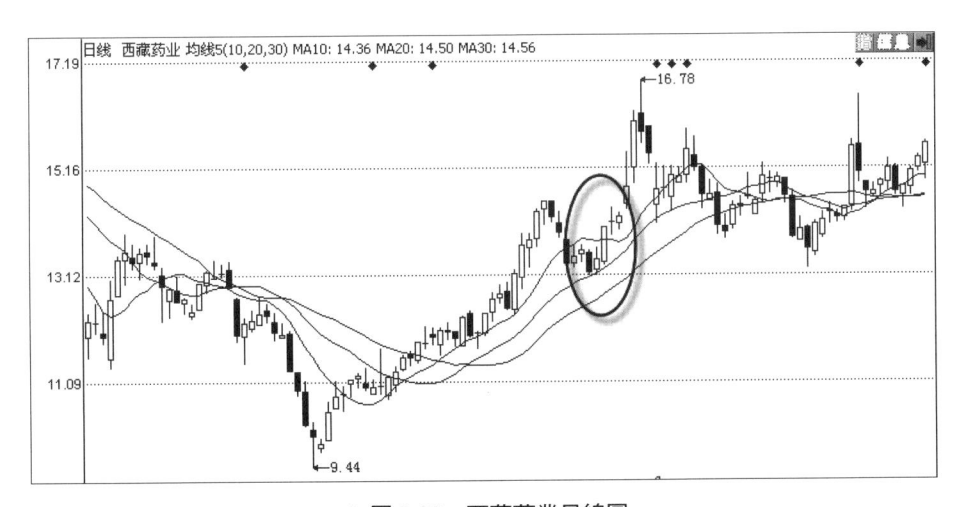

▲ 圖 2.30　西藏藥業日線圖

在分時圖上，股價常會出現快速衝高然後回落的態勢。也就是說，在股價達到一定高度之後，由於大戶的打壓，股價會呈現快速直線下跌的局面。此時一些意志不堅定的跟莊者，往往會賣出股票。

如圖2.31所示為南京醫藥的分時圖，可以看到，股價在開盤後不久快速衝高，此後在日均線的壓制下徘徊一段時間，繼而出現大幅跳水的走勢。這無疑是給交易者一種心理壓力，使交易者感覺到空頭的猛烈勢頭。事實上這都是大戶精心策劃所致。跟莊者完全不必理會，繼續持有股票是最佳的選擇。

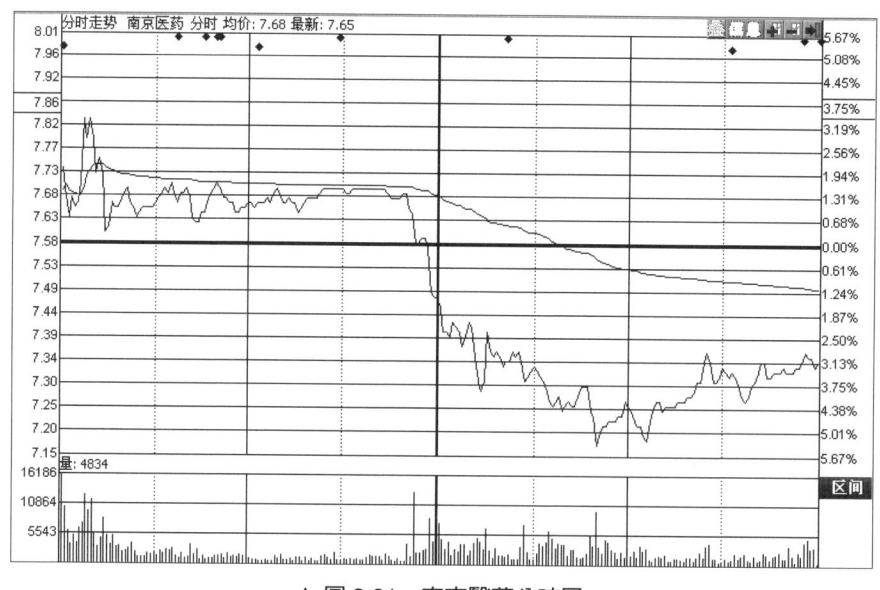

▲ 圖2.31　南京醫藥分時圖

至於成交量方面，大戶在震倉前會採取溫和放量來配合股價上漲。而當大戶開始震倉時，成交量比起之前，會有一個明顯放大的過程。這說明在震倉過程中，大多散戶開始賣出股票，而大戶利用此次

震倉已經完成吸納籌碼的步驟。

如圖2.32所示為蘇寧電器的日線圖，可以看到股價在大戶震倉的階段，出現小幅回檔。儘管下降的空間不大，但伴隨著大量成交量，說明已有不少散戶出場，大戶又控制了大量的籌碼。散戶如果能夠及時看到如此巨大的成交量，基本上可以看出大戶在震倉。

▲ 圖2.32　蘇寧電器日線圖

K線圖中，常在一根大陽線之後出現大戶的震倉情況。因為一根實體較大的陽線出現後，投資者往往又對股價是否能夠繼續上漲疑慮。

部分投資者往往會認為股價已經有較大漲幅，如果第二天出現一根陰線，哪怕陰線實體較小，投資者往往也會賣出手中的股票獲利了結。因此這也是大戶震倉的常用手段，迫使交易者在心理的壓力

下，放棄繼續持股。

如圖2.33所示為中色股份日線圖，可以看到在一根光頭光腳陽線出現後，結束了原有的震倉。但一些交易者認為股價不會繼續上漲，後幾個交易日的陰線儘管實體不大，但迫使更多交易者離場。其實此時正是跟莊者繼續買入股票的時機，此時的陰線是大戶又一次震倉行為。

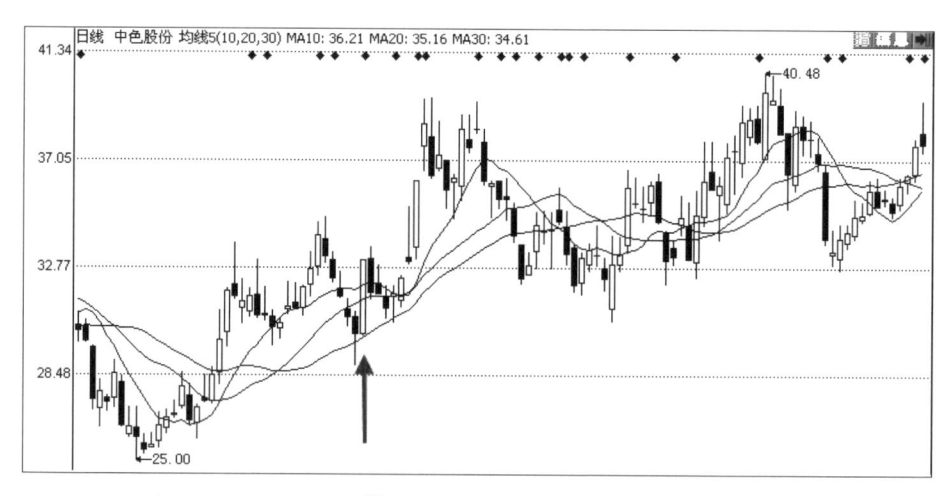

▲ 圖2.33　中色股份日線圖

2.3 思考第 3 步：拉升，推高股價為獲利鋪路

拉升是坐莊環節之一，它是直接關係到大戶最終獲利的重要環節。如果拉升的幅度較大，未來大戶獲利的區間也越大；反之如果拉升的空間有限，則大戶的獲利也就越小。

2.3.1 大戶為什麼要拉升？

【大戶意圖】

對於多數大戶來說，坐莊的最終目的是獲利，有了較大的價格漲幅，才可能產生巨大的經濟利潤。因此大戶建倉完成後，必然會將股價快速地拉升，促使價格區間增大，才有可能在後期的出貨階段，將帳面上的利潤拿到手。

大戶真正拉升時，持續的時間非常短、拉升的速度很快。因為大戶使用的大量資金有大筆利息，這也是大戶的成本之一，長時間的拉升必定得增加投入成本。此外，緩慢拉升股價往往會使散戶看出大戶的意圖，導致大戶坐莊失敗。

如果散戶沒有在大戶拉升之前買入股票，短短幾天內，大戶就

會將股價拉升至高點。此時散戶如果沒能辨識出大戶拉升已經結束，就有可能買在市場的頂部。

【個股分析】

如圖2.34所示為西部建設日線圖，可以看到大戶在建倉結束後，進行快速拉升，短短幾個交易日股價就上漲近一半。因此，成功跟莊的交易者此時一定有不菲的獲利，但新進場的散戶恐怕就面臨高額虧損了。

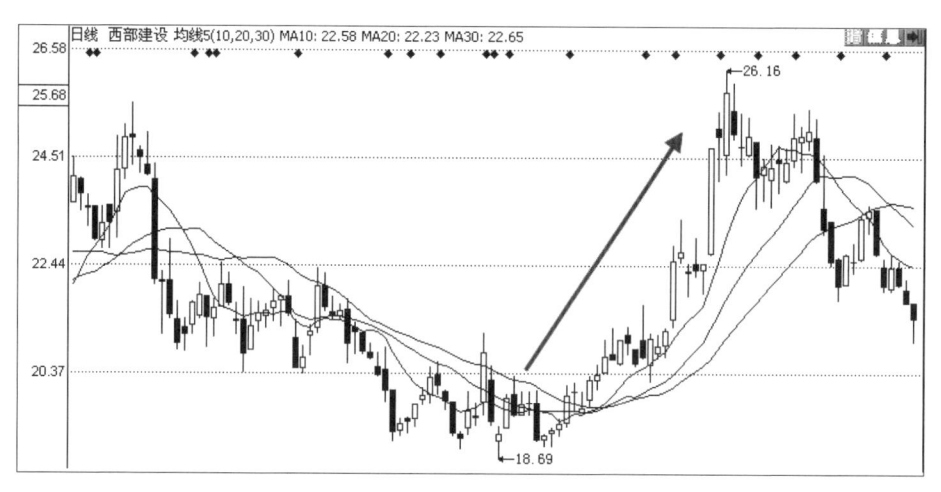

▲ 圖2.34　西部建設日線圖

2.3.2　不同大戶的拉升時間不同，且與震倉交替出現

【大戶意圖】

不同類型的大戶拉升，時間也不盡相同：短線大戶可能拉升僅僅幾個交易日，中線大戶可能在兩週到一個月，而長線大戶可兩三個月左右。儘管拉升的時間不盡相同，但是在整個坐莊的流程中，所佔

的時間都是極其短暫的,且每次拉升不是單一出現的,而是與震倉交替出現。

【個股分析】

如圖 2.35 所示為聯環藥業日線圖,可以看到股價在 14.91 元附近徘徊短短幾日,便被大戶快速拉升到 21.98 元附近。此後股價開始下跌,因為大戶已經離場。短線大戶一般都是在如此短的時間內完成坐莊,因此跟莊者不能抱有長期持股的心態。

▲ 圖 2.35 聯環藥業日線圖

如圖 2.36 所示為民生銀行日線圖,大戶拉升的時間明顯長於圖 2.35 的實例。但是與在底部建倉的時間相比,依然是很短暫的。且為了經由長時間拉升來帶動跟莊者,大戶多次進行震倉。

如圖 2.37 所示為武鋼股份月線圖。圖中股價拉升的時間並不短,長達一年左右,可能是長線大戶所為。但是與之前漫長的建倉時間相比,肯定是小巫見大巫了。

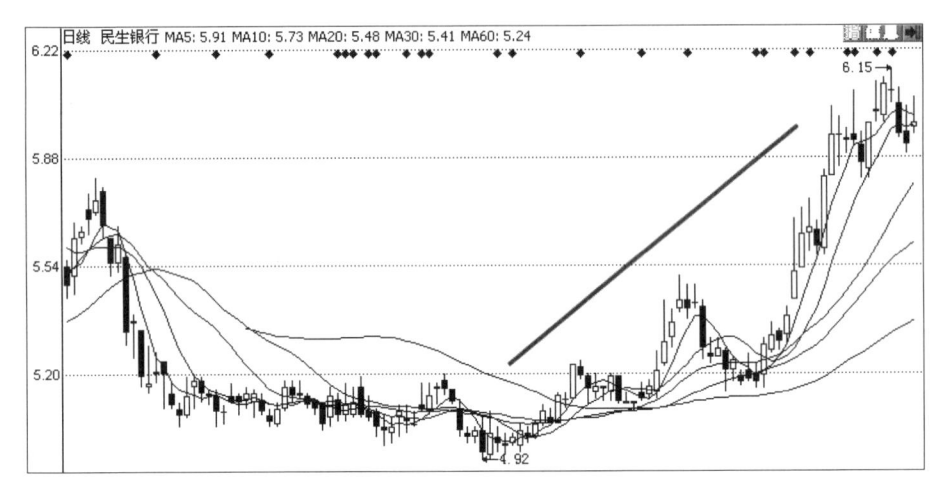

▲ 圖 2.36 民生銀行日線圖

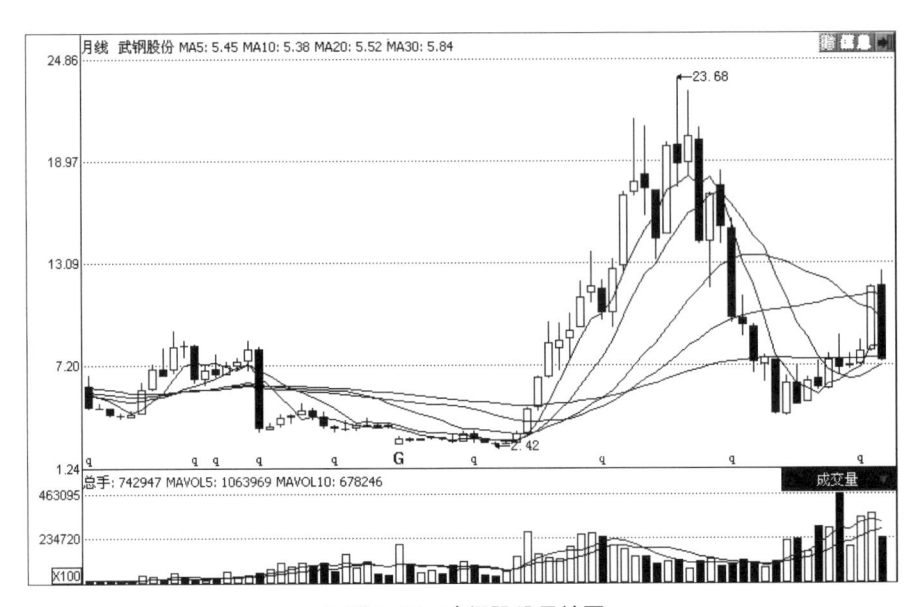

▲ 圖 2.37 武鋼股份月線圖

2.3.3 看懂大戶拉升的幅度，避免太早或太晚買入

大戶拉升的幅度，直接關係到是否能夠獲利以及獲利大小。散戶在跟莊過程中，必須了解大戶拉升的幅度，很多跟莊者都是在拉升初期就賣出股票，因此喪失大部分利潤。而有的投資者常常在高位，才意識到大戶開始拉升，導致太晚進場造成巨額損失，或是長期被市場套牢。

【大戶意圖】

實際上，大戶拉升的幅度也會受到種種因素制約。比如，資金量就在很大程度上影響拉升幅度，如果大戶資金量小，必然持有較少倉位，在推升股價的過程中勢必會有一定難度。因此往往在拉升較小的幅度後，獲得較少利潤就出場，這也是短線大戶常有的行為。

但一般來說，短線大戶獲利點在30%左右的上漲幅度。當股價達到這個區域，大戶會有選擇是否繼續拉升股價。且此時通常會有一次明顯的洗盤，打壓幅度一般在5%左右，有時也會達到10%。

【個股分析】

如圖2.38所示為中色股份日線圖。可以看到股價從25.00元附近開始拉升，當有了近10%的漲幅後，達到大戶的第一目標價位，此時出現一個回檔的震倉過程。

震倉後如果大戶認為大勢行情依然看好，有繼續拉升獲利的空間，有可能選擇繼續拉升，這時拉升的距離通常為50%的漲幅空間。當股價再次到達這個目標價位後，大戶可能再次採取明顯的震倉行為，把更多的跟莊者清除出場。

如圖2.39所示為中色股份日線圖，可以看到經過一次回檔後，大戶選擇繼續拉升股價。當股價達到近一半的漲幅後，出現一個明顯

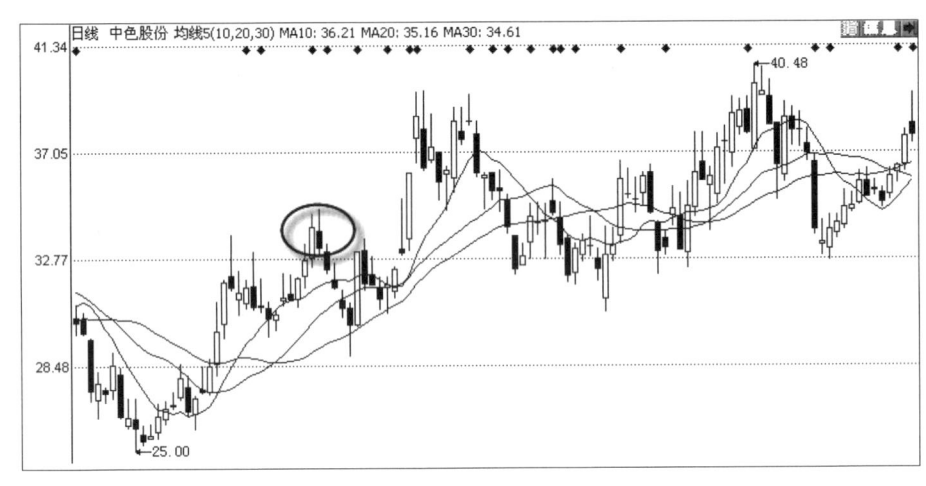

▲ 圖 2.38 中色股份日線圖

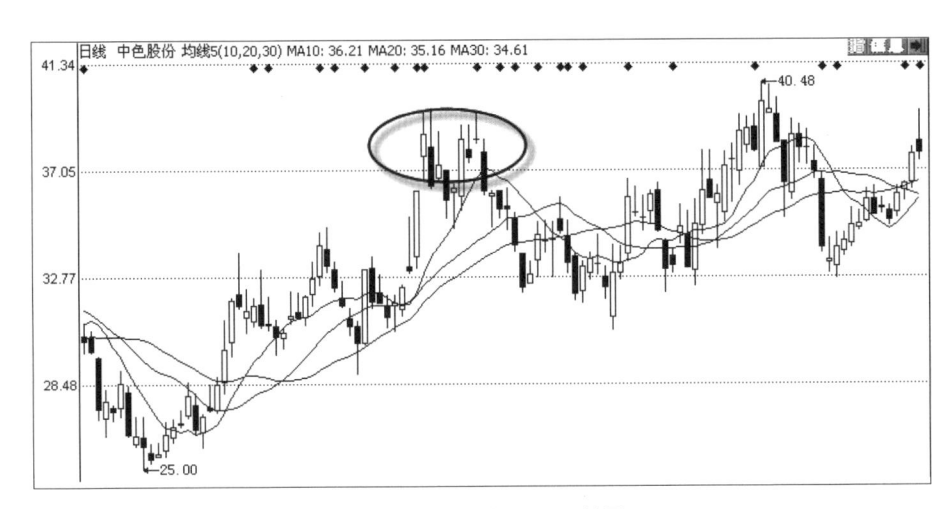

▲ 圖 2.39 中色股份日線圖

的震倉。此次震倉，無論持續時間還是打壓幅度，都明顯超過上次。這是因為此次大戶拉升的幅度較大，要清除更多散戶，為下一次拉升做準備。

如果行情依然看好，即使是短線大戶，也會臨時改變策略繼續在震倉後拉升，但一般情況下這也是大戶的最後一次拉升了。大戶一般會在70%～100%的漲幅之間逐漸出貨，當然過程中勢必會反覆震倉。

如圖2.40所示為中色股份日線圖。當價格達到40.48元，大戶基本上已經開始出貨，行情也更加震盪，這是為迷惑交易者繼續追漲。如果散戶此時追漲，恐怕就落入大戶的圈套。

長線大戶和中線大戶，一般首選的目標就是50%的漲幅空間，第二目標價位在80%左右。因此，散戶應該密切注視30%、50%，80%左右的震盪幅度或空間，因為各類大戶幾乎都會在此時出場。

如圖2.41所示為如意集團日線圖，可以看到大戶從7.14元開始

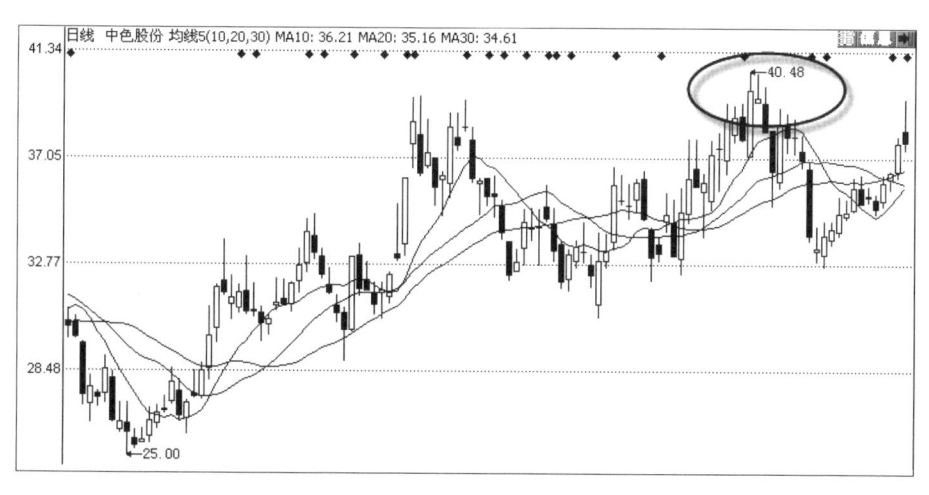

▲ 圖2.40　中色股份日線圖

拉升股價，每次震倉，都是在股價上漲幅度達到50％和80％左右時。因此，只要跟莊者在這些點位給予一定關注，很容易發現大戶的洗盤行為。

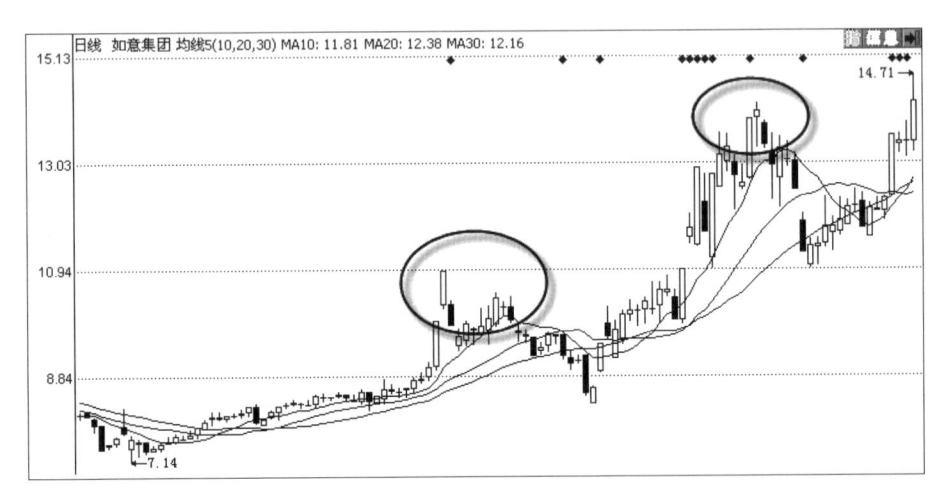

▲ 圖2.41　如意集團日線圖

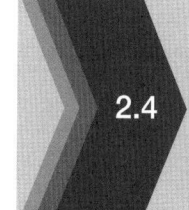

2.4 思考第 4 步：出貨，賣出高價股票讓獲利到手

出貨就是大戶要賣出手中的大部分或者全部籌碼，從而兌現利潤。這個步驟是坐莊過程的最後一步，也是至關重要的一步，直接關係到坐莊的成敗。若大戶把股價拉得過高，在出貨環節出現紕漏，同樣可能導致滿盤皆輸。

2.4.1 大戶出貨有優勢也有劣勢

大戶想實現利潤，必須將手中的大部分籌碼或全部籌碼賣出，而這正是大戶的劣勢所在。因為儘管在坐莊開始時可以推高股價、控制股價的走勢，但是這也成為大戶出貨時的一個重大包袱。因為大戶如果想賣出手中的股票，必須要有散戶買入才能實現交易。如果僅僅大戶在賣出而無人買入，無法完成交易。

大戶必須讓投資者確信後期股價還會上漲，才會有更多散戶在高價位買入，因此必須採用各種手段，來欺騙或者矇蔽交易者對未來走勢的判斷。

且大戶手中的籌碼很多，所需矇蔽的散戶數量也眾多，才有可

能完全接住大戶的賣盤。否則若沒人完成接力，大戶手中的全部籌碼就會砸在自己手中，導致最終坐莊失敗，這也是大戶巨額虧損的一個常見原因。

例如金融風暴襲擊股市時股市大跌，這是一個突然出現的利空消息，之前誰也無法預料，當然大戶在操盤的前期也是無法預測的。當時沒有提前賣出股票的大戶，在股市大跌時開始出貨是沒有人接盤的，最終導致多個大戶巨額虧損，甚至負債累累。

儘管大戶在出貨過程中有一定的難度，但也有優勢。因為大戶所持有的倉位很重，不一定全部賣出手中的股票才可獲利，有時僅僅賣出倉位的一半，就已經獲得可觀收益。

且大戶在整個股價拉升過程中，佔有絕對優勢，股價可以達到什麼價位、何時到達高點，在沒有突發因素的影響下，都是由大戶一手操縱的。因此在沒有任何突發情況下，大戶出貨是很容易的。

且一般情況下，大戶在拉升的過程中，會逐步分批出貨。在距離股價頂部相當長的時間內，大戶就已經未雨綢繆，提前出貨。

2.4.2　大戶出貨時的價位，通常有兩種選擇

【大戶意圖】

大戶出貨一般選擇在頂部出貨和中上部出貨兩種方式。頂部出貨，指大戶在快速拉升股價至最高點附近，開始一次性或者多次分批出貨，但是每次出貨的價位都接近最高點。

這種情況下，對跟莊者來說是比較有利的，只要及時發現大戶的出貨行為，可以也在此時跟著大戶出貨，從而很大程度上避免被深度套牢。

【個股分析】

如圖2.42所示為聯環藥業日線圖。大戶經過短暫拉升有了一定漲幅，此時開始在頂部出貨。因為大戶的籌碼過多，不可能一次完全賣出，因此採用多次分批賣出的方式，而相應的股價在頂部多日徘徊不前。跟莊者看到連續多日的頂部徘徊，就應該意識到風險的存在，而賣出手中的股票，將利潤抓到手。

中高部出貨是指，大戶的出貨價位沒有選擇在市場的頂部，而是選擇在股價整個上漲的中上部。例如，15元的價格可能是大戶理想的出貨點，而大戶可能先將股價拉升至18元左右，在18元的價位賣出一部分股票，從而使股價下跌。

這時一些跟莊者往往會認為大戶會繼續拉升，此次的下跌僅僅是故意打壓。因此在此時買入股票的跟莊者，實際上是在接大戶的籌碼。而大戶經過幾次反覆操作，價格被打壓至15元的理想價位，大戶在此時基本上已經出貨完畢。

▲ 圖2.42 聯環藥業日線圖

如圖2.43所示為飛亞達A的日線圖，在橢圓形區域大戶開始出貨。儘管此時不是最高點，但是大量的籌碼要求大戶不能選擇在最高點出貨。

　　其實，大戶在此時出貨已經有很大的利潤。當股價從最高點回檔到出貨價附近時，大戶已經出貨完畢，追漲的散戶一定被套在市場的頂部了。

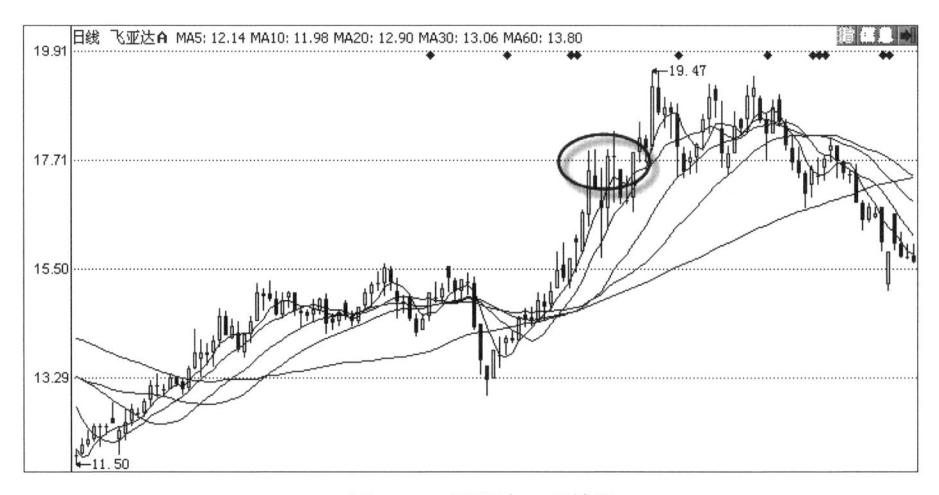

▲圖2.43　飛亞達A日線圖

第 *3* 章

看懂大戶都怎麼建倉，跟著買進飆股

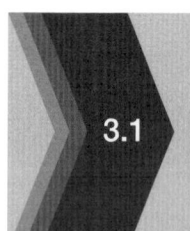

3.1 大戶建倉前的準備工作

與一般散戶買股票不同，大戶在建倉前有一套準備籌畫工作，是為了整個坐莊過程服務。一般散戶應該學習大戶的這一理念，儘量避免盲目、感性地買入股票。例如，某些股民常常是聽人介紹，或聽電視評論的推薦買賣股票，而不是經由自己獨立分析，屬於感性交易。這種交易的風險非常大，可以說是將決定權掌握在他人手中。

3.1.1　確保有充足的資金

大戶建倉前最重要的準備工作，是要有週期較長的自由資金，且金額十分充裕，所需支付的利息等各種成本要很低。因為這些資金正是未來大戶吸納籌碼拉升股價的重要工具，在未來坐莊的過程中出現的各種意外風險、各種不利消息，都需要原始資金來化解。

初始能夠獲得的自由資金金額，也直接影響未來大戶獲利的大小。初始資金較少使股票持有數量少，坐莊過程勢必會有一定的難度和阻力。在化解風險過程中，也往往會因資金不足產生較大損失，未來拉升空間和獲利也相對較小。

一般來說，長線大戶因為坐莊的時間週期較長，所獲得的初始資金更多，大量資金可以源源不斷提供給大戶進行坐莊。

3.1.2 做好人員配置，各部門分工合作

一個人不可能獨立完成整個坐莊流程，需要各部門分工合作。因此大戶通常會有一批專業的人員來運作，根據不同的要求和工作內容，選擇相關的人員。

例如，有些高級研究員專門研究個股所在行業的特點，有的分析散戶的跟莊情況，而有的人員專門做宣傳工作。這些不同的人組合在一起形成一個強大的團隊，與市場上成千上萬的散戶作對壘。

只有大戶中最核心的少數幾個人，知道完整的坐莊計畫。因此，某些散戶號稱能經由某種方式知道內幕消息，這都是毫無根據的。如果大戶將最核心的操作方案洩露出來，上億的資金就會付之東流。其實散戶所知道的一些內幕消息，往往是大戶放出來的煙霧彈，跟莊者切莫盲目輕信這些謠言，被大戶誘導從而上當受騙。

3.1.3 設立多個帳戶的重要性

除了資金和人員的提前籌備，大戶還有很多具體的環節需要提前處理，其中最重要的便是設立多個帳戶。因為如果一個帳戶出現大量交易，勢必會讓國家相關機構發現，不利於操縱股市。

因此為了更隱密，大戶往往同時開立多個資金帳戶。帳戶相互之間買賣股票，不僅不易被發覺，還可以造成股票交易活躍的假象。

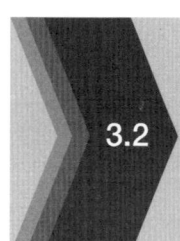

3.2 大戶會根據資金、業績和行情選股

大戶和一般交易者買股票一樣，買進之前，也會在成千上萬的股票中選取能夠炒作的。因為大戶一旦介入某檔股票，便會投入數以萬計的資金，在選股上勢必會比散戶更加謹慎，考慮的因素也會更多。

散戶或者跟莊者如果能歸納出大戶選股的規律，勢必可以提高找出有大戶介入股票的準確率。

3.2.1 根據資金規模選擇股票

【大戶意圖】

不同的大戶根據自身資金量的大小，選擇的股票不盡相同。一般資金量較小的大戶往往選擇小型股，也就是說選擇流通股份數額較小的公司股票。因為流通股份額少，就意味該股容易操縱，大戶有限的資金完全可以獲得控股的權利。

如果是購買大型股，則因為整體的份額較多，大戶所購買的股票數量僅僅是杯水車薪，完全達不到控盤目的。

【個股分析】

如圖 3.1 所示為海得控制週線圖，可以看到大戶大幅拉升股價，短短數月股價就增長了 2 倍多。從圖 3.2 中可以看到，海得控制發行量為 2800 萬股，屬於小型股。大戶在拉升此類股票時不需要太多的資金，一般小型的大戶和短線大戶都喜歡選取這類股票。

▲ 圖 3.1　海得控制週線圖

網上發行日期	2007-11-05	上市日期	2007-11-16
发行方式	网下向询价对象配售和网上定价发行相结合	每股面值(元)	1.00
发行量(万股)	2800.00	每股发行价(元)	12.900
发行费用(万元)	1967.56	发行总市值(万元)	36120.00
募集资金净额(万元)	34152.44	上市首日开盘价(元)	25.00
上市首日收盘价(元)	23.78	上市首日换手率(%)	72.71
上網定价中签率	0.0617	二级市场配售中签率	-
发行当年净利润预测(万元)	-	发行当年实际净利润(万元)	5201.7168
每股摊薄市盈率	29.9800	每股加权市盈率	-
主承销商	平安证券有限责任公司		
上市推荐人	平安证券有限责任公司		

▲ 圖 3.2　海得控制個股資訊

而資金比較雄厚的大戶，通常會選擇大型股坐莊。儘管大型股所耗費的資金較大，但是未來的上漲空間也是巨大的。如圖3.3所示為中信證券的個股資訊，它的發行量多達40000萬股，屬於大型股。大戶選擇拉升這樣的大型股，需要動用大量資金，但是獲利空間也是巨大的。如圖3.4所示為中信證券月線圖。

网上发行日期	2002-12-17	上市日期	2003-01-06
发行方式	上网定价发行和向二级市场投资者定价配售	每股面值(元)	1.00
发行量(万股)	40000.00	每股发行价(元)	4.500
发行费用(万元)	4032.66	发行总市值(万元)	180000.00
募集资金净额(万元)	175967.34	上市首日开盘价(元)	5.53
上市首日收盘价(元)	5.01	上市首日换手率(%)	48.57
上网定价中签率	0.2820	二级市场配售中签率	0.2820
发行当年净利润预测(万元)	-	发行当年实际净利润(万元)	-
每股摊薄市盈率	15.0000	每股加权市盈率	-
主承销商	广发证券股份有限公司		
上市推荐人	广发证券股份有限公司		

▲ 圖3.3　中信證券個股資訊

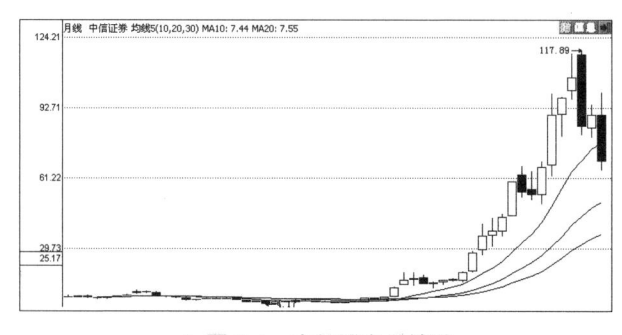

▲ 圖3.4　中信證券月線圖

3.2.2 根據公司業績、經營領域選擇股票

【大戶意圖】

除了根據自身的資金條件，大戶還會根據個股的公司業績和經營領域來選擇。有的大戶熱衷於選擇績優股來坐莊，所謂績優股就是個股所在的公司業績比較突出，一般淨資產收益率都在10%以上。

績優股的特點是，即使行情整體處於熊市狀態，績優股卻能減緩下跌的速度，甚至處於橫盤震盪的趨勢之中。但是當行情處於上漲的牛市時，它的上漲幅度比較慢，一般不會出現大漲大跌的情況。因此跟莊者跟進買入此類股票，一般來說風險較小很容易獲利，但可能不是暴利。

【個股分析】

如圖3.5所示為青島海爾週線圖。青島海爾是家電行業的佼佼者，公司業績一直處於穩步增長狀態，圖中可以看到，大戶選擇了這

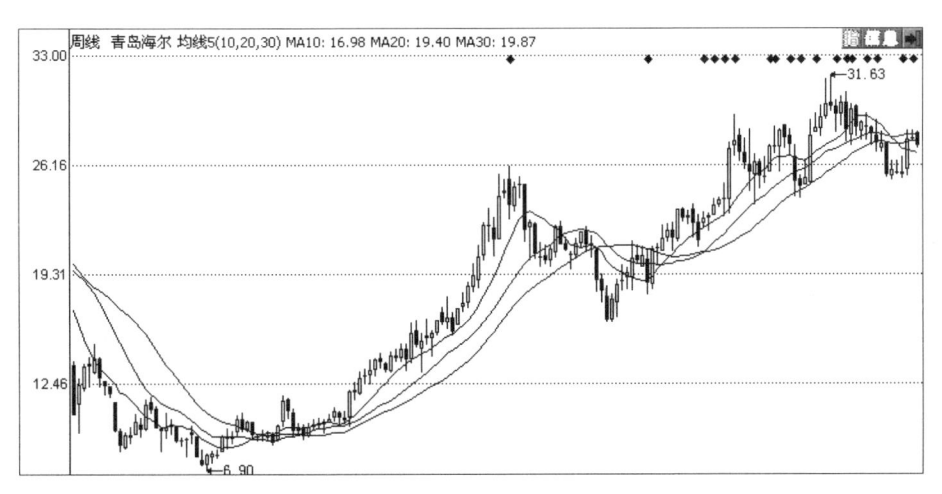

▲ 圖3.5 青島海爾週線圖

支績優股進行長時間拉升。

除了績優股，成長性股票也是大戶偏愛的選擇。所謂成長性股票，是指公司經營處於發展階段，有一定的增長潛力。此類股票的特點是漲勢比較緩慢，因此持續的時間可能會很長，投資者必須有耐心才能有較好的獲利。如圖3.6所示為格力電器的日線圖，該股可以算是一支成長型股票，可以看到其上漲幅度較緩慢，漲勢也非常有限。

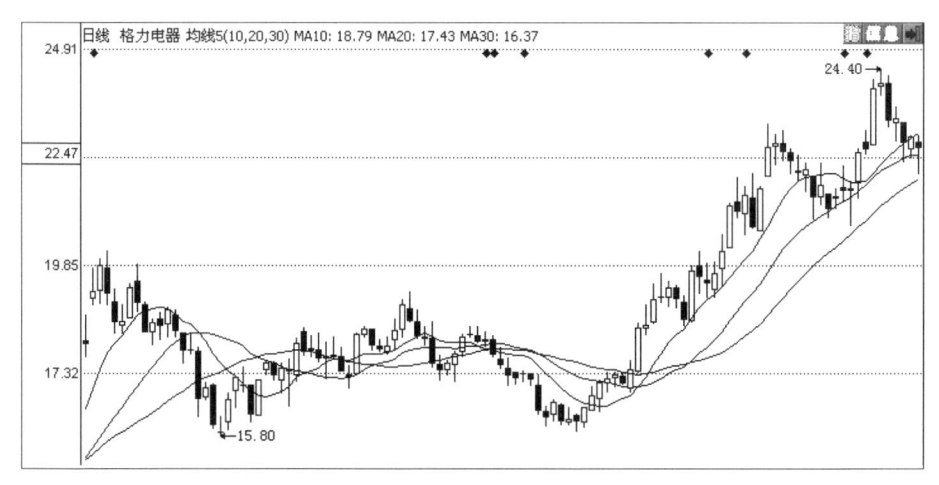

▲ 圖3.6　格力電器日線圖

題材股也常是大戶選擇坐莊的股票，所謂題材股就是常被炒作的股票。某件事突然出現後，往往會影響某種產品的熱銷，當然也就會影響此產品公司的股票。而大戶往往利用一些題材大做文章，因此散戶應該保持清醒的頭腦，注意分辨哪些是真正的利多消息，哪些是大戶故意散佈的。

如圖3.7所示為魯抗醫藥日線圖，大戶利用蜱蟲傷人事件這一熱點炒作，整個醫藥業都出現不小漲幅。從圖3.7中可以看到，魯抗醫

第 3 章　看懂大戶都怎麼建倉，跟著買進飆股

藥甚至出現跳空漲停。如圖 3.8 所示為同仁堂日線圖。儘管同仁堂與蟬蟲關係不大，但因為也屬於醫藥股，因此在 9 月 10 日同樣出現漲停行情。

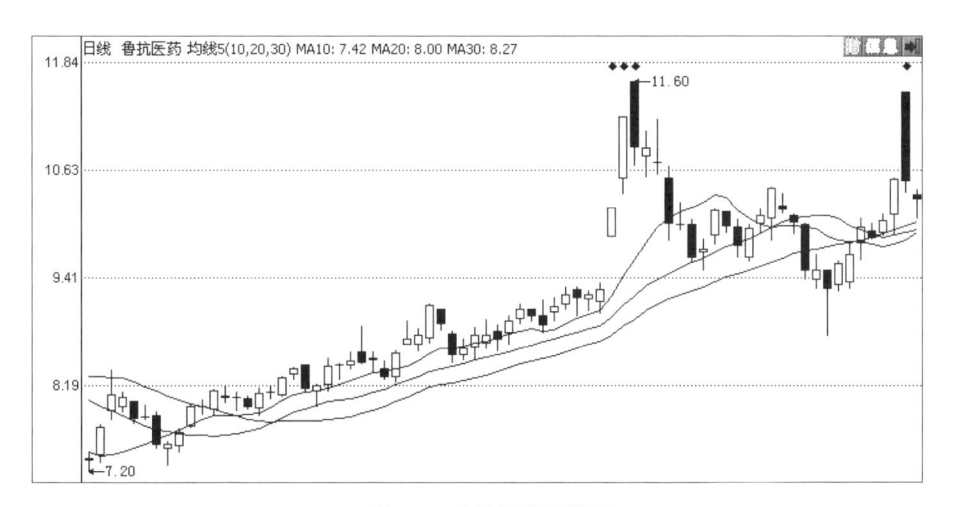

▲ 圖 3.7　魯抗醫藥日線圖

▲ 圖 3.8　同仁堂日線圖

如圖3.9所示為華陽科技日線圖。華陽科技是經營農藥產品的企業，在整個蜱蟲傷人的事件中必定會受到熱捧。從圖中也可以看到，股價一連走出多個漲停板。

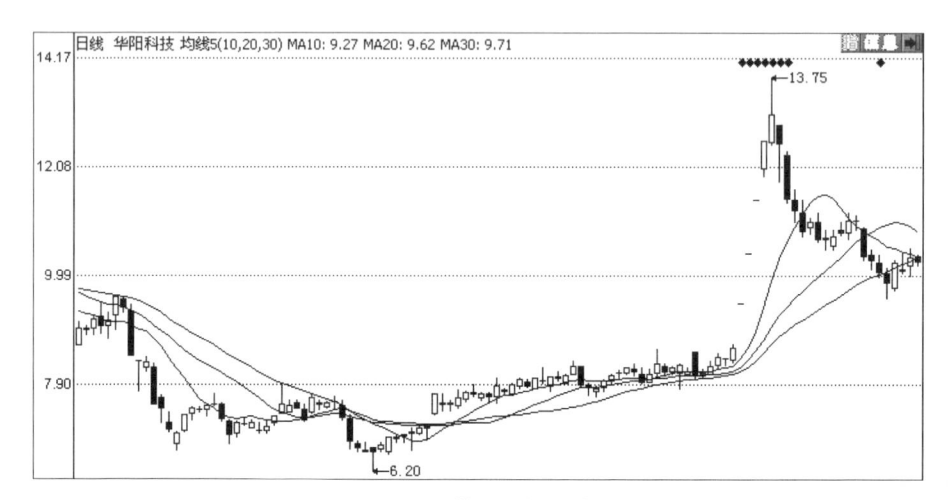

▲ 圖3.9　華陽科技日線圖

3.2.3　根據市場行情選擇股票

【大戶意圖】

當股價處於大幅下跌後，大戶有可能會選擇一些過度下跌的股票坐莊。一般來說，如果股價的跌幅大於50%時，就往往進入大戶的選擇範圍。

【個股分析】

如圖3.10所示為鞍鋼股份週線圖，可以看到股價從19.30元附近開始跌落，直至6.50元。跌幅已經超過50%。此時股價已經在底部多日徘徊，這正是大戶建倉的時機，此時建倉的成本很低。

▲ 圖 3.10　鞍鋼股份週線圖

　　一些熱門股票也常用於坐莊，由於它們的價格波動會帶動整個指數的上漲或下跌，往往是大戶坐莊的首選。如圖 3.11 所示為深發展 A 週線圖，這檔股票在股市中可以說是無人不知，大戶經由拉升這檔股票同時帶動指數上漲，因為此股票在編制指數時佔的比重是較大的。

　　一些冷門股票在市場上幾乎無人問津，波動範圍也較小，甚至連續幾個交易日都沒有大幅度波動。但這往往是大戶偏愛的對象，因為大戶介入此類股票就可以獲得絕對的控制權，一旦將股票大幅拉升，便會吸引更多投資者進場。因此對此類股票進行坐莊，非常容易獲利。

　　如圖 3.12 所示為岷江水電週線圖。因為前幾年該公司的虧損股價一路下滑，幾乎沒有交易者願意碰這檔股票。但大戶卻悄悄吸納籌碼，這時建倉可以說沒有任何競爭對手，阻力幾乎不存在，等大戶吸籌完畢，股價便會開始拉升。

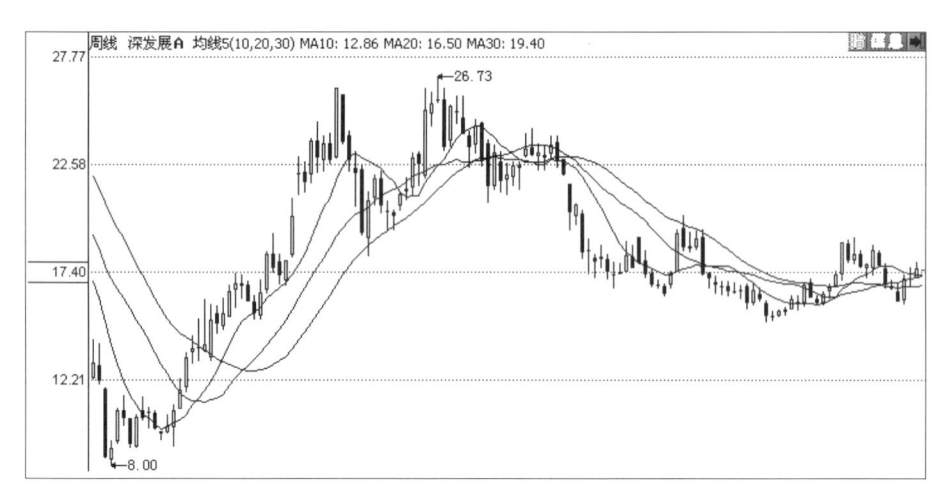

▲ 圖 3.11　深發展 A 週線圖

▲ 圖 3.12　岷江水電週線圖

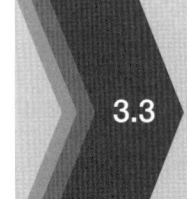

3.3 看穿大戶建倉常用的10種手法

儘管坐莊的第一步都是建倉,但由於各方面條件的限制,以及大戶的習慣做法不同,建倉的手法也不盡相同。投資者應該了解常見的建倉手段和方法,從而在跟莊的過程中做到心中有數。

3.3.1 在緩慢拉升中建倉,風險較低

【大戶意圖】

這種建倉模式是大戶沒有在最低點開始建倉,而是在股價有一段上漲的空間後才開始建倉。儘管此時大戶的建倉成本提高,但建倉風險也相對較低,因為市場的底部已經出現。

但此時建倉大戶也面臨一定的難度,股民不會主動賣出股票。採用這種方式建倉的大戶,往往會同時伴有小幅的震倉活動。也就是連續1~2日的窄幅拉升後,再進行一兩次的打壓,使股價處於下跌的狀態,逼迫膽小的交易者賣出股票,大戶完成建倉活動。

【個股分析】

如圖3.13所示為同仁堂日線圖。股價從21.00元開始上升，大戶開始逐步建倉。但此時一個明顯的底部出現了，散戶也知道行情要翻轉，因此沒人主動賣出手中的股票，而且還會有不少新進的散戶入場。

大戶為此採用震倉手段，在吸籌的同時多次向下小幅地打壓股價，儘量讓一部分交易者出場。

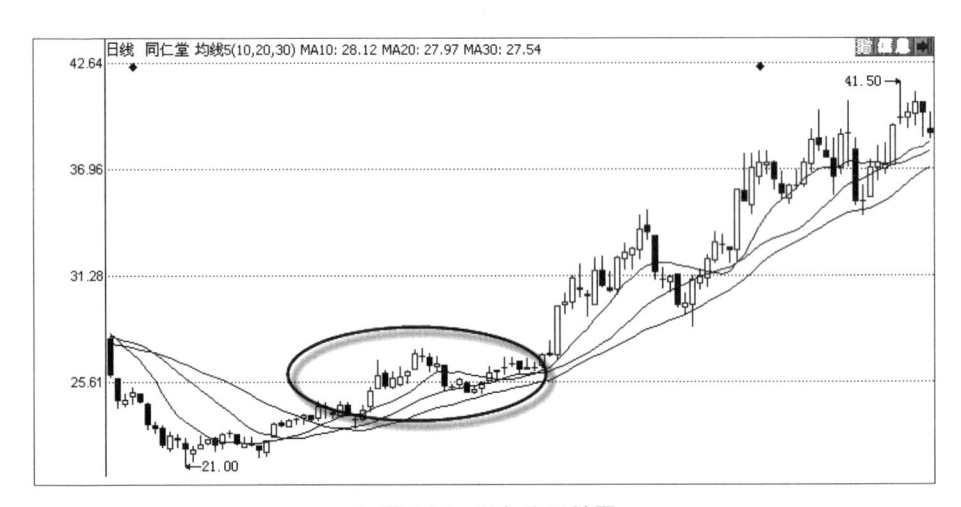

▲ 圖3.13　同仁堂日線圖

如圖3.14所示為如意集團日線圖，震倉的過程更明顯。因為種種原因，大戶錯過在市場底部進場的時機，而在緩慢拉升的時候進場，就意味著要與眾多散戶競爭。因此大戶猛烈地向下打壓，迫使意志不堅定的散戶競爭對手出場。

118

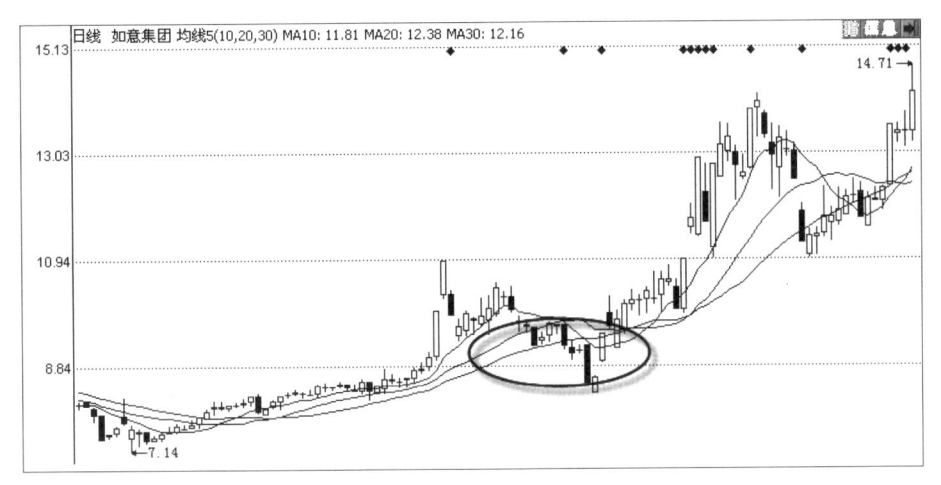

▲ 圖 3.14　如意集團日線圖

3.3.2　盤整期間考驗散戶信心，是建倉好時機

【大戶意圖】

在股市行情中，一般股價跌至底部後不是馬上翻轉，而是有一段時間的盤整，然後才能完成價格的上漲過程。在市場底部的盤整期間，正是大戶建倉的絕佳機會。因為沒有賣出股票的散戶，此時已經深度套牢，而股價又長期不能上漲，始終處於盤整狀態中。

這對於已被套牢的投資者來說是一種煎熬，因此大多數交易者開始賣出股票。手中沒有的散戶此時未見到明顯訊號，也不會輕易買入股票。這就為大戶創造了一個絕佳的建倉時機，可以說市場上廉價的籌碼都是為大戶服務的。

此時K線圖中常出現橫盤或小幅波浪型態，而大戶建倉的過程一般持續數月之久。在漫長的時間內，大戶需要盡量吸收籌碼，會比之後上升途中再吸納籌碼，減少很多成本。

119

【個股分析】

如圖3.15所示為民生銀行日線圖。股價急速下跌後，在低位長時間徘徊，大戶在此時處於建倉狀態。此時建倉的時間越長，大戶吸納的籌碼也就越多，後市的拉升幅度就越大。散戶在此時要做的是沉住氣，耐心等待大戶建倉結束。

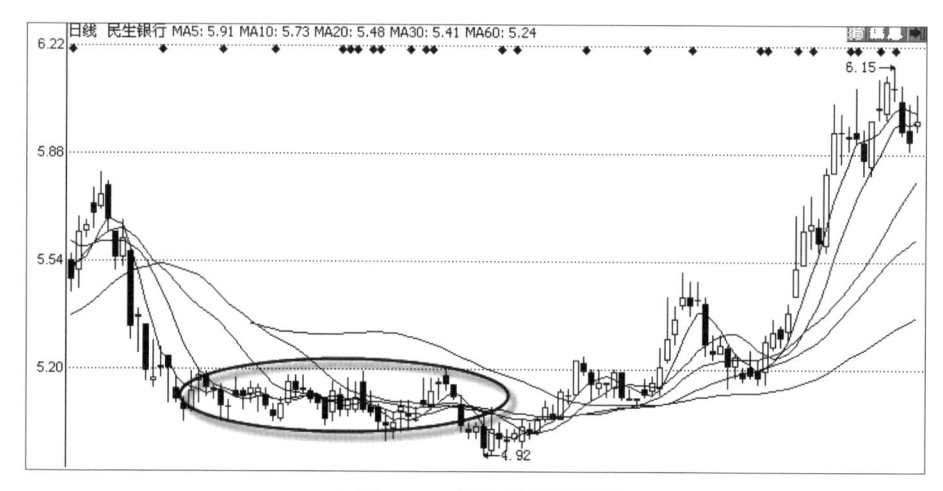

▲ 圖3.15　民生銀行日線圖

如圖3.16所示為中科英華月線圖。股價在市場底部盤整將近一年左右，且波動幅度很窄，K線實體非常小，K線幾乎處於一條水平線上。但正是漫長的盤整過程，才造就了後市32.00元的高價。

除了在市場的底部出現橫盤可以建倉，上漲過程中也可能出現一段時間的橫盤，這時大戶可以第二次建倉。因為在上漲的中途出現橫盤，勢必會有許多散戶賣出手中的股票獲利了結，這些籌碼完全被轉移到大戶手中。

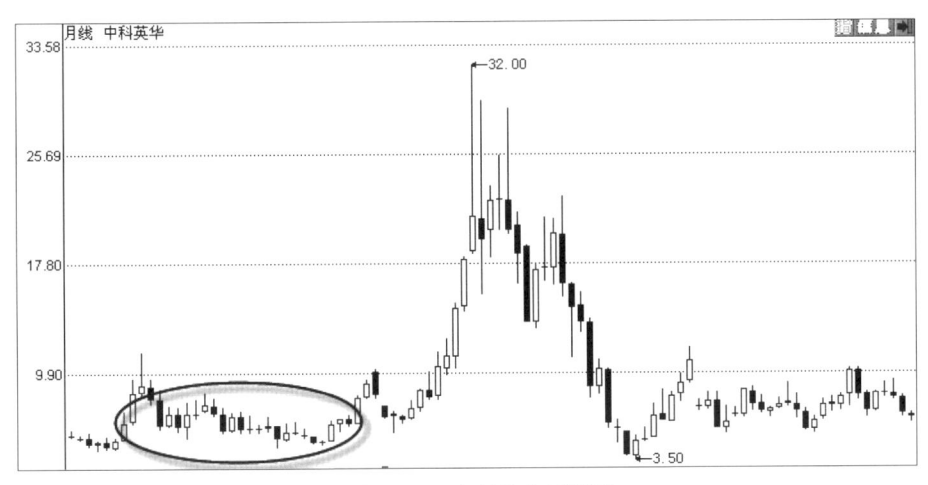

▲ 圖 3.16　中科月華月線圖

　　沒有買入股票的散戶此時看到橫盤，認為後市的走勢不明朗，所以也不敢貿然進場。因此，此時大戶繼續吸納籌碼進行建倉，為繼續大幅推升股價做準備。

　　如圖 3.17 所示為浙江東方日線圖，可以看到股價在上漲的中途出現盤整行情。此時必定會有一部分散戶出場，大戶吸納這些出場者的籌碼，為後市繼續推升增添動力。

3.3.3　在緩慢下跌時建倉，成本更低

【大戶意圖】

　　當股價下跌到市場底部時，即使沒有大戶介入，一些小型投資者的介入，也會促使價格向上進行反彈。當然大戶也不會錯失良機，此時買入少量的股票，也勢必會促進價格向上運行。

　　此時大戶並沒有抓住市場的最低點，因為大戶並不滿足在這一

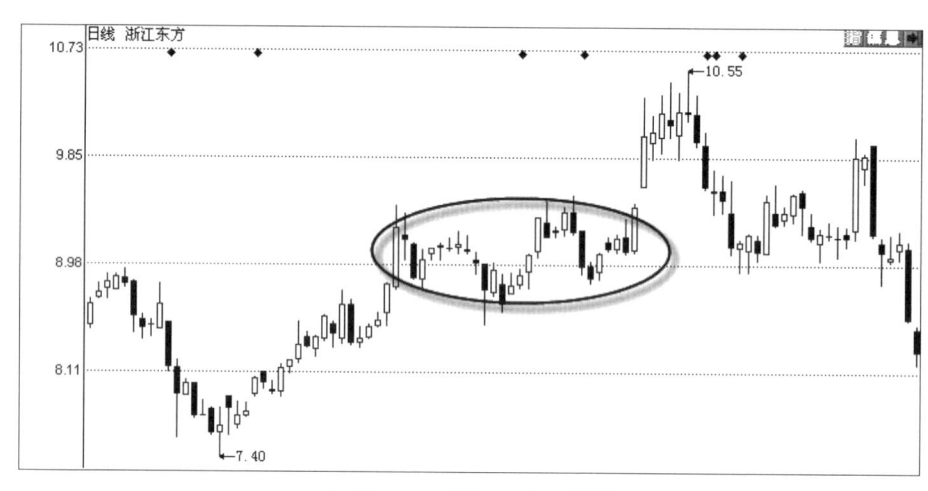

▲ 圖 3.17　浙江東方日線圖

點位進行建倉。當股價上行到某一點，大戶會停止買入，這樣勢必會影響股票的上漲速度。不僅如此，還會將之前買入的少量股票全部賣出，引發股票的進一步下跌。

對此往往造成散戶恐慌，看到如此規模巨大的賣單出現，散戶通常會認為此次股價上漲，是一次短暫的反彈且即將結束，大量賣盤可能是股票即將加速下跌，因此紛紛賣出之前的股票兌現利潤。

而此時賣出的股票，正是大戶所希望擁有的廉價籌碼，大戶在此點位進行建倉，會比之前建倉的成本要低很多，這也正是大戶所期望的。

【個股分析】

如圖3.18所示為廣州浪奇日線圖，可以看到，股價在上漲過程中波動幅度很大，每次都出現一定程度的下跌，大戶正是利用這些下跌，逼迫散戶將籌碼賣給大戶。

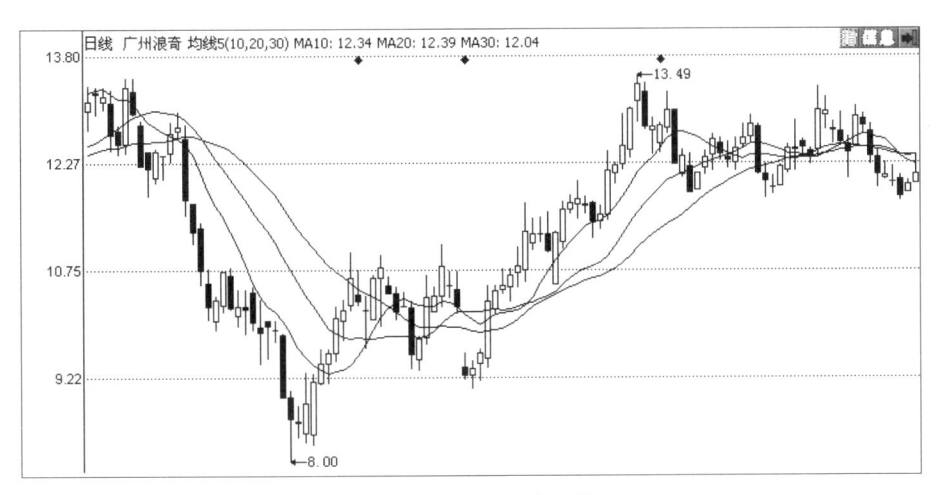

▲ 圖 3.18　廣州浪奇日線圖

3.3.4　跳空開高時建倉，此機會不多

【大戶意圖】

在跳空開高時建倉並不十分常見，它常常是由一個突發因素引起的。在跳空開高之前，大戶可能已經進入建倉活動，但沒有完全結束，吸納的籌碼也不夠多。此時大戶正按部就班地繼續進行建倉活動，突然出現的利多消息，可能使股價急速上漲，甚至出現跳空開高的局面，使散戶跟風買入。

此時大戶害怕散戶識別他的意圖，同時也擔心建倉的成本過高，往往將之前買入的股票大幅賣出，因此開高後就會出現下跌走勢。此時追高買入的投資者往往心生恐慌，認為之前根據跳空開高做出的買入決策錯誤。

大戶出現的大量賣單，使交易者開始兌現已有的利潤，這樣做正合大戶心意，繼續吸納股票。

【個股分析】

如圖3.19所示為亞星化學日線圖，可以看出股價在上漲過程中，有一天突然跳空開高且曾經大幅拉升，但收盤時出現陰線走勢，留下長長的上影線。

從K線分析和其他技術分析來說，這都是做空的跡象，於是交易者會爭先恐後地拋售股票，於是又給大戶一次建倉的機會。

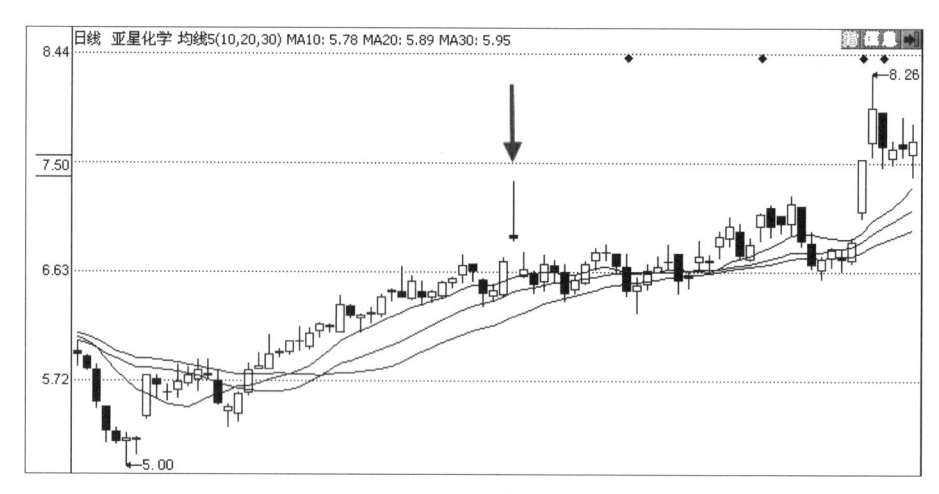

▲ 圖3.19　亞星化學日線圖

如圖3.20所示為民和股份日線圖。股價從19.50元上行不久，便出現一根大陽線，幾乎是一根光頭光腳陽線，表明多頭勢力強勁。第二天突然跳空開高，促使相當數量的散戶入場追漲。

但當天的走勢會讓入場的交易者觸目驚心，股價在跳空開高後沒有上漲跡象，而是走出大陰線型態。此時會有一部分入場者後悔進場而忍痛賣出，這就為大戶繼續建倉提供了機會。

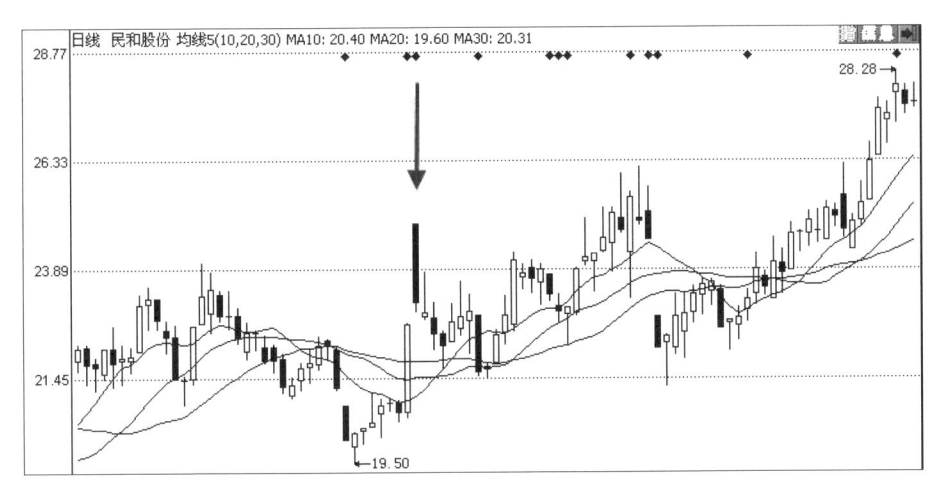

▲ 圖 3.20　民和股份日線圖

3.3.5　拉升股價時建倉，成本高但未來獲利大

【大戶意圖】

向上拉升時建倉，是指大戶在拉升過程中又一次開始建倉活動。這一般是大戶認為未來的走勢依然較好，股價上漲的空間非常大，而在拉升的中途逢低繼續吸納股票。此後行情會有較大幅度拉升，且基本上不出現回檔跡象。

雖然這樣建倉成本很高，但未來的獲利也是巨大的。建倉過程中很少有散戶願意在高位買入股票，因此受到的阻力較小。

【個股分析】

如圖 3.21 所示為東方通信的日線圖，可以看到股價從 4.40 元附近上漲，漲勢較緩慢。

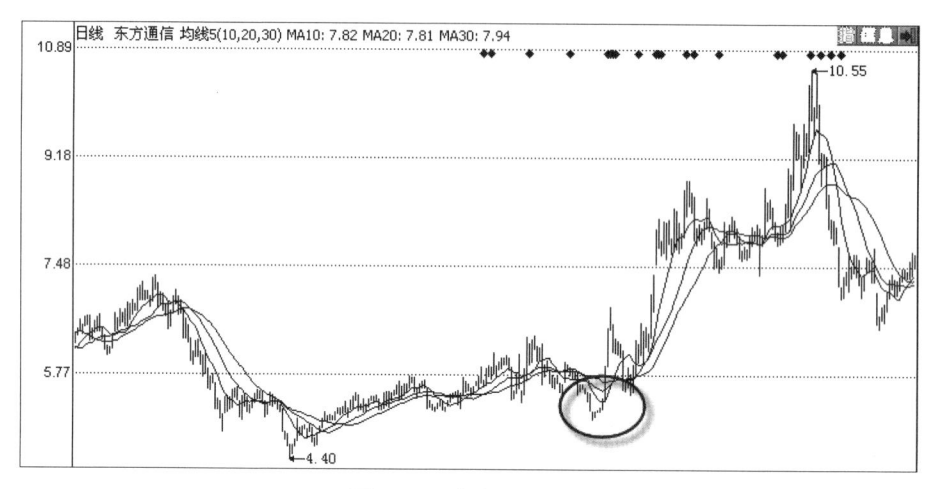

▲ 圖 3.21　東方通信日線圖

　　當股價在一個階段性頂部出現回檔後，散戶常認為大戶無力繼續拉升且已經有一定利潤，從而拋售股票。此時大戶將散戶賣出的籌碼全部納入手中，此後的拉升幾乎是直線型的，之前賣出的散戶喪失了大筆利潤。

3.3.6　打壓股價造成恐慌，是完成建倉的策略之一

【大戶意圖】

　　大戶採用這種方式建倉，一般來說對散戶非常不利。它是指股價在上升過程中出現一定程度的大幅下跌，在下跌過程中必然會有投資者意志不堅定而賣出股票。

　　一般來說，大戶在打壓時幅度非常大，一般散戶很難識別股價真正出現下跌還是大戶故意打壓，因此不可避免地出現恐懼心理，進

而賣出股票。這就給大戶創造了低成本購進大量籌碼的條件，完成建倉操作。

【個股分析】

如圖3.22所示為閩東電力日線圖，可以看到，股價在上漲中出現一次回檔。且此次回檔幅度很深，幾乎達到整個上漲行情的三分之一，這是大戶打壓所致，目的是讓散戶以為股價到頂而賣出股票。

大戶在此時繼續吸籌，此後股價直線上漲，日線圖中的陡峭程度，可以清楚看出股價遠遠超過了之前的上漲行情。

▲ 圖3.22　閩東電力日線圖

如圖3.23所示為ST皇台日線圖，可以看到，股價在上漲一段過程後出現深度回檔，且出現雙重底的回檔型態。於是散戶賣出的籌碼被大戶買進，後期又進行一次大規模拉升。

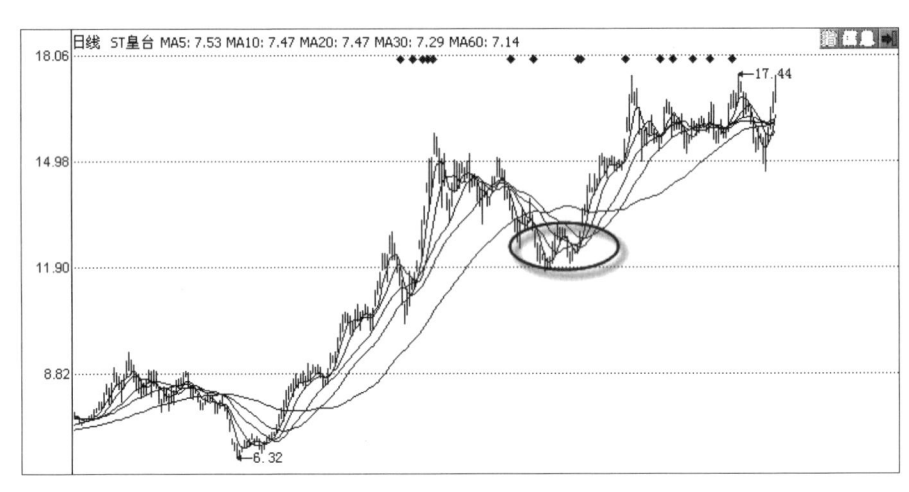

▲ 圖 3.23　ST 皇台日線圖

3.3.7　利空消息使股價下跌，大戶利用拋售行情建倉

【大戶意圖】

　　此種建倉方式是與利空消息配合進行的。當市場出現利空消息時，散戶會爭先恐後賣出股票。

　　在此之前，大戶有可能根據自身的優勢條件預知消息的出現，提前賣出手中的股票，導致股票加速下跌。當價格跌到大戶的理想建倉目標之後，吸納籌碼的時機便來臨。

【個股分析】

　　如圖 3.24 所示為萬科 A 日線圖。萬科是著名的房地產企業，但幾次出台房地產調控政策，對房地產市場打擊不小。

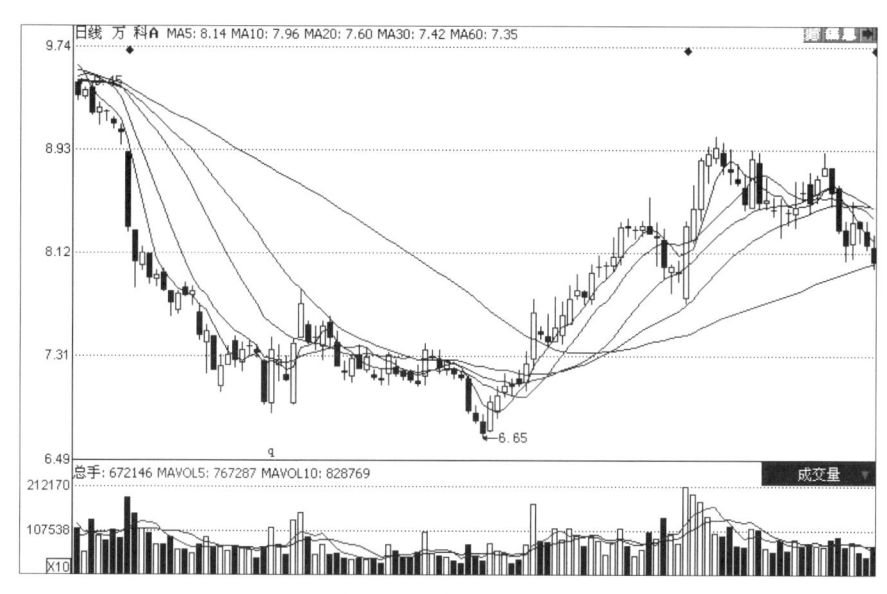

▲ 圖 3.24　萬科 A 日線圖

儘管萬科是大型房地產企業，但股價也不可避免地受到政策影響。散戶不再看好房地產企業股票，於是紛紛拋售，造成一輪下跌行情。大戶卻在利空消息出現後，利用拋售行情，以極低的價格再次購進股票並策劃建倉。

如圖 3.25 所示為招商地產日線圖，可以看到，它和前面的萬科走勢圖有驚人的相似性。因為該股與萬科同屬房地產板塊，必然也會受到房地產政策影響。在股價大幅下挫的行情下，大戶完成隱蔽建倉的活動。

用 210 張線圖學會，
《建倉、洗盤、拉升、落跑》的大戶賺錢腦

▲ 圖 3.25　招商地產日線圖

3.3.8　製造寬幅震盪使股價大起大落，大戶趁此建倉

【大戶意圖】

　　寬幅震盪建倉對散戶來說也十分不利，因為大戶建倉時往往會使股價產生大幅度波動，使散戶瞬間有較大的獲利，但不久又會變成巨額虧損。因此散戶很難判斷未來走勢，往往禁不住煎熬而賣出手中的股票。大戶正是利用這種心理刻意讓股價大起大落，迫使散戶賣出籌碼，使股票進入自己手中，完成建倉的最終操作。

【個股分析】

　　如圖 3.26 所示為 ST 欣龍日線圖。當股價被大戶拉升後，在中途出現一段較長時間的震盪，且震盪幅度十分巨大。大戶就是要故意製造恐怖的氛圍，迫使更多的散戶賣出手中的籌碼，從而更好建倉。

第 3 章　看懂大戶都怎麼建倉，跟著買進飆股

▲ 圖 3.26　ST 欣龍日線圖

3.3.9　壓制股價，在某價位以下建倉

【大戶意圖】

壓制股價進行建倉，是指大戶設定一個最高價，也就是說，大戶在此目標價格以下進行建倉活動。

因此只要股價上漲到此目標價格附近，大戶就會以較大的賣單打壓股價，使散戶始終無法突破這一界限。即便有更多散戶跟風購買，也不可能推動股價突破這一區域。

【個股分析】

如圖 3.27 所示為深天地 A 的日線圖，可以看到，股價多次未能穿越 9.00 元的價位。大戶在此附近埋下大額賣單，散戶無論如何是無法推動股價繼續上行的，大戶卻在此價位下逐步吸籌，完成建倉。

131

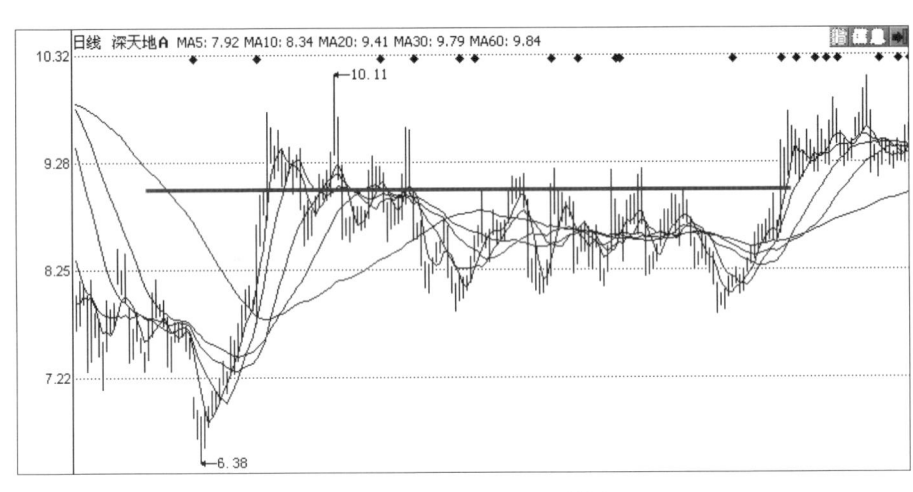

▲ 圖 3.27　深天地 A 日線圖

3.3.10　震盤建倉，常出現在長期建倉的尾聲

【大戶意圖】

這種建倉是震倉與建倉相結合的一種方式，一般是在長期建倉的末期出現。此時建倉已經持續很長時間，甚至達數月之久，當大戶準備拉升股價時，希望將大量的跟莊者剔除掉，會將股價向下打壓一次。給散戶的感覺是在盤整的過程中，後期股價可能是向下突破，而非向上突破，因此大戶可能還沒開始建倉，散戶已經紛紛賣出手中的股票。

大戶正是利用這種心理逼迫對方出場，減少搭乘順風車的人。此後股價將會一路上漲，不再出現任何回檔，當初賣出股票的投資者，往往後悔不已。

【個股分析】

如圖 3.28 所示為萬科 A 日線圖，可以看到，股價在市場底部經

過一段時間的整理，但是在大戶建倉末期，股價卻向下運行。

這是因為大戶在建倉的過程中，發現有相當數量的跟莊者，於是向下小幅打壓了一下。但是就這個行為足以讓散戶做出向下突破的判斷，從而迫使散戶跟莊者出場，大戶也再一次進行了吸籌。

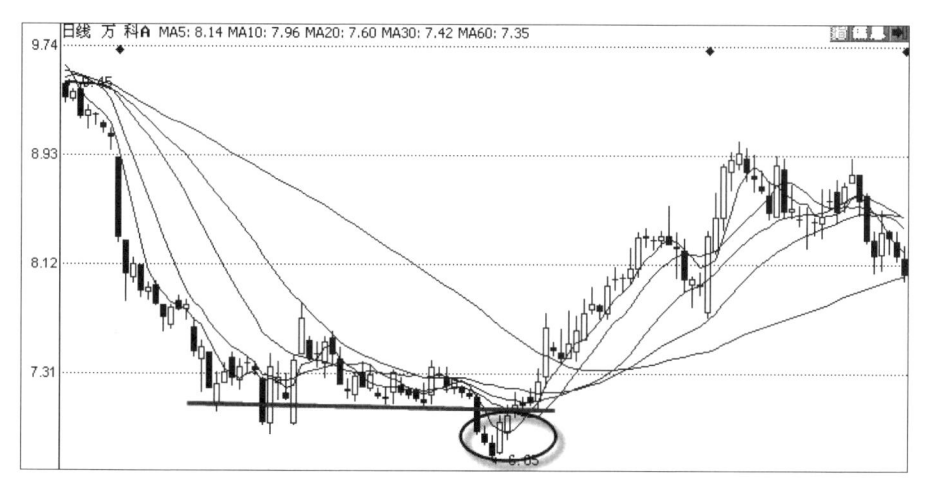

▲ 圖 3.28　萬科 A 日線圖

3.4 用 5 個工具，找出大戶建倉的個股

對散戶來說，如果能夠及時查詢到有哪些個股中，大戶已經開始建倉，並在此時買入股票，就可以輕而易舉獲利。但是如何才能準確查詢到大戶介入的個股，是一個十分關鍵的問題。

這就需要散戶經由一些特徵來尋找，因為不論哪位大戶在建倉時，都無法避免留下一些痕跡，這就為散戶尋找大戶提供了線索。

3.4.1 從成交量發現大戶開始建倉

在股市中，成交量是一個十分重要的數據，它有時比股價的波動還重要。在跟莊的過程中，成交量往往可以使大戶露出馬腳。儘管大戶在建倉時，會竭盡全力避免散戶發現痕跡，但是成交量往往還是能給散戶提供一些微小的訊息。

【大戶意圖】

正常情況下，股票下跌的過程中，成交量伴隨著價格下跌，也是逐漸萎縮。因此當市場處於底部時，成交量也處於最低水準。如果成交量在此後突然有所增大，且連續幾天都保持在相對較高的水準，

第 3 章　看懂大戶都怎麼建倉，跟著買進飆股

說明大戶已經開始建倉，持續增加成交量就標誌著大戶開始吸納籌碼。如果 K 線圖中出現陽線，建倉的可能性就更大。

【個股分析】

如圖 3.29 所示為武鋼股份月線圖，可以看到股價在市場底部徘徊時，成交量一直處於低迷的狀態，屬於低量級別。但當大戶完成建倉時，K 線給出一根實體較大的陽線，同時成交量也出現放量跡象，這就表明建倉已經結束。

此時正是散戶跟莊進場的絕佳時機，在這時進場不用等待漫長的建倉過程，不久後即可獲利。

如圖 3.30 所示為天倫置業日線圖，可以看到股價在上漲初期進行過一次盤整。這是大戶的第二次吸籌，此時成交量依然十分低迷。但隨後幾日成交量突然增大，可以判斷出大戶正在進行建倉。

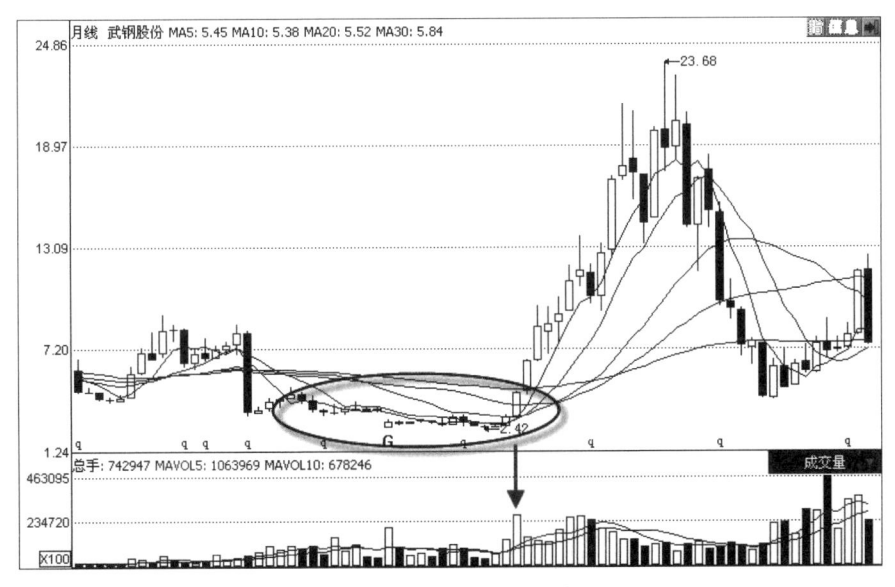

▲ 圖 3.29　武鋼股份月線圖

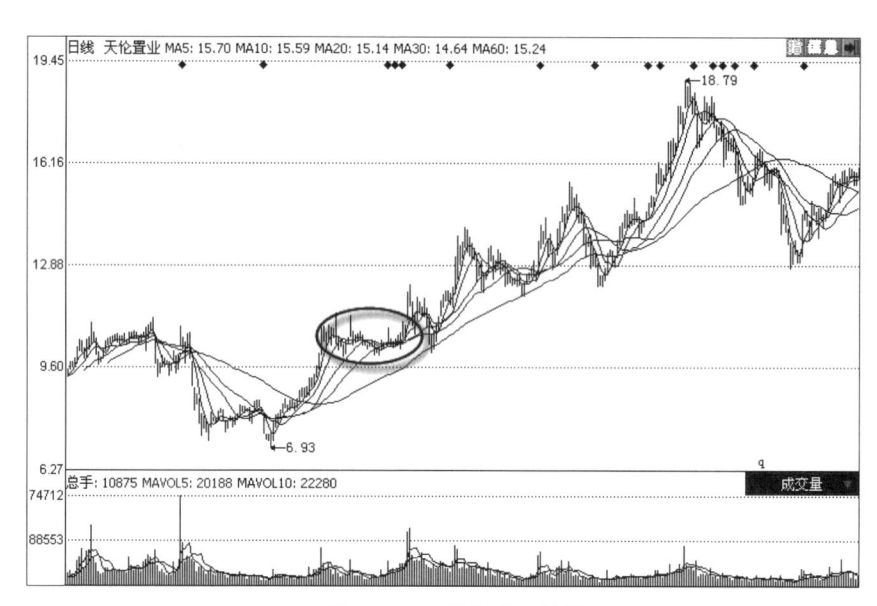

用 210 張線圖學會，
《建倉、洗盤、拉升、落跑》的大戶賺錢腦

▲ 圖 3.30　天倫置業日線圖

3.4.2　用 K 線識別大戶建倉

【大戶意圖】

　　盤面所示的訊息，通常可以提供給散戶預測大戶的意圖。當 K 線走勢圖中出現小陽線和小陰線，陰線與陽線交替出現，出現在市場底部附近時，表明大戶有可能正在吸納籌碼。

　　而交替出現的陽線，便是大戶大量吸納籌碼所形成的，陰線則是大戶有意向下打壓股票，避免散戶識別大戶的意圖而刻意製造的。

【個股分析】

　　如圖 3.31 所示為平莊能源週線圖。圖中股價在市場底部不僅成交量低迷，且 K 線總是陰線和陽線夾雜出現，每根 K 線的實體都較小，此外還有十字線出現。

▲ 圖 3.31　平莊能源週線圖

　　如圖 3.32 所示為西藏礦業週線圖。儘管大戶已經開始拉升股價，但尚未開始二次建倉，股價在上漲圖中依然出現盤整行情，此時 K 線也依然出現一連串的小實體。

　　有時較大的陰線，也是大戶吸納股票的標誌。因為大戶為了吸納股票，往往刻意打壓股價，甚至一連多日大幅打壓股價，在 K 線圖中常出現一連串大陰線。而這些往往是在上漲中，或者其他明明是看漲的訊號出現後發出的。這種情況通常不是市場的真實訊號，而是大戶刻意使市場走出該型態，來逼迫散戶出售股票。

　　如圖 3.33 所示為西藏發展月線圖。在股價處於盤整末期，K 線圖中出現一根大陰線，從 K 線圖分析，這是未來向下突破的訊號。但這是大戶故意製造的，並非市場的真實走勢。此後股價並沒有真正下跌，反而大幅上漲。

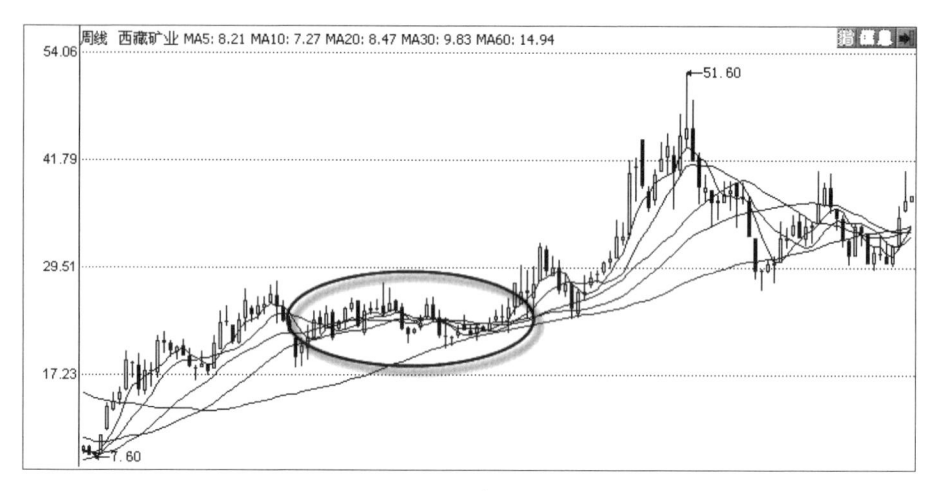

▲ 圖 3.32　西藏礦業週線圖

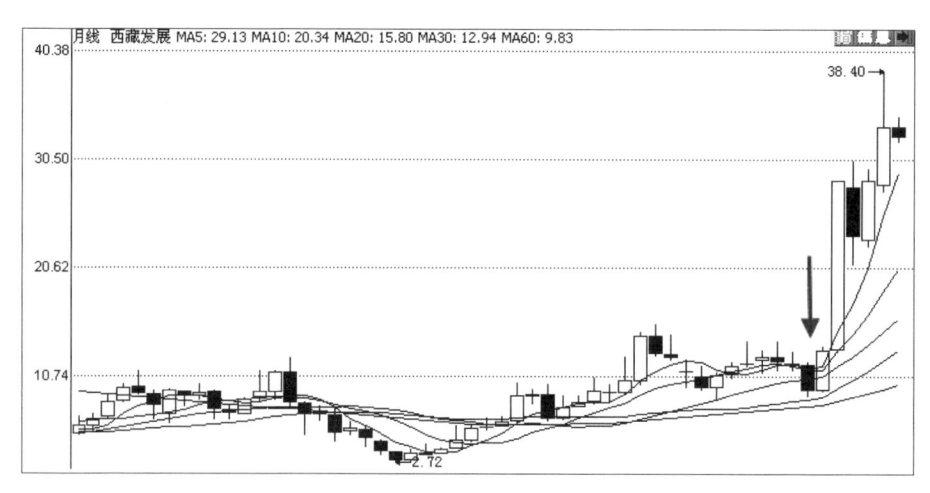

▲ 圖 3.33　西藏發展月線圖

如圖3.34所示為北新建材月線圖，可以看到，股價在上漲的過程中出現一根大陰線，走出看跌吞沒型態。但這是大戶的刻意行為，後市股價並未出現大規模下挫。相反，不久後股價行情被大幅拉升。

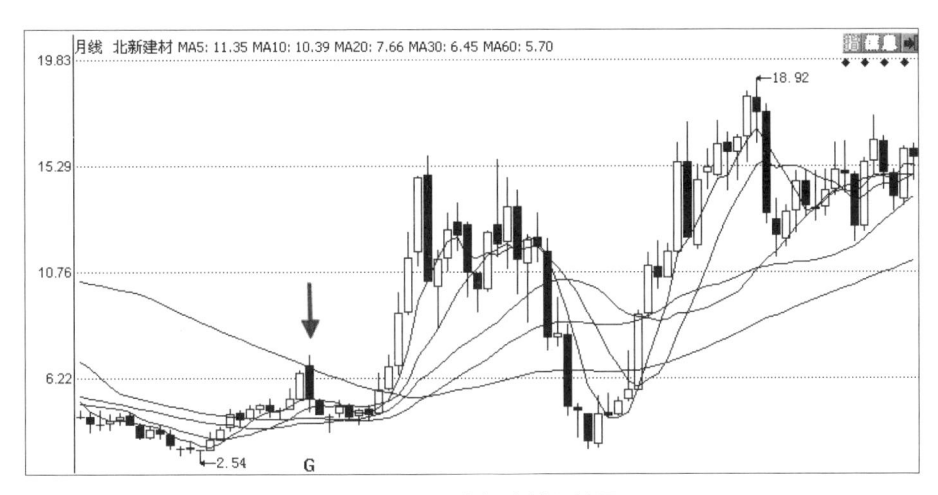

▲ 圖3.34 北新建材月線圖

3.4.3　觀察均線走勢判斷是否建倉

【大戶意圖】

均線系統也能反映大戶的建倉過程，且可以很清楚地指明大戶結束建倉的時間。

當大戶開始介入個股吸納籌碼時，均線處於黏連的狀態，長期均線、中期均線和短期均線往往纏繞在一起；而當大戶吸籌夠多準備向上拉升時，均線也往往從黏連狀態逐漸向上發散。

▲ 圖 3.35　平莊能源週線圖

【個股分析】

　　如圖 3.35 所示為平莊能源週線圖。股價在市場底部徘徊時，多條均線黏合在一起；大戶建倉結束後，均線開始向上發散，這也是跟莊者進場的訊號。

　　在拉升中，如果大戶二次建倉，建倉完畢後，均線同樣也是從黏合狀態走向發散。如圖 3.36 所示為西藏礦業週線圖，橢圓形區域是大戶二次建倉的過程，均線黏合在一起，此後待建倉完畢，均線再次出現多頭排列。因此，跟莊者根據均線的特徵，可以識別建倉已經結束。

　　在分時圖中，股價在一個區間內波動一段時間後，開始向下運行，往往是大戶刻意打壓股價。目的是迫使散戶賣出股票，從而給大戶提供廉價籌碼。

　　如圖 3.37 所示為國風塑業分時圖。股價在開盤當天的均價線附近震盪，此後大幅跳水，這正是大戶故意而為，給散戶造成一定的心

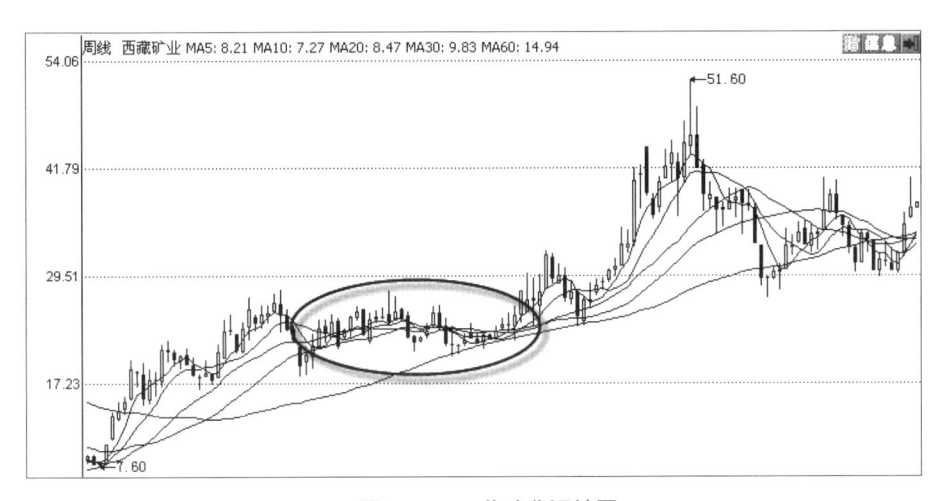

第 3 章　看懂大戶都怎麼建倉，跟著買進飆股

▲ 圖 3.36　西藏礦業週線圖

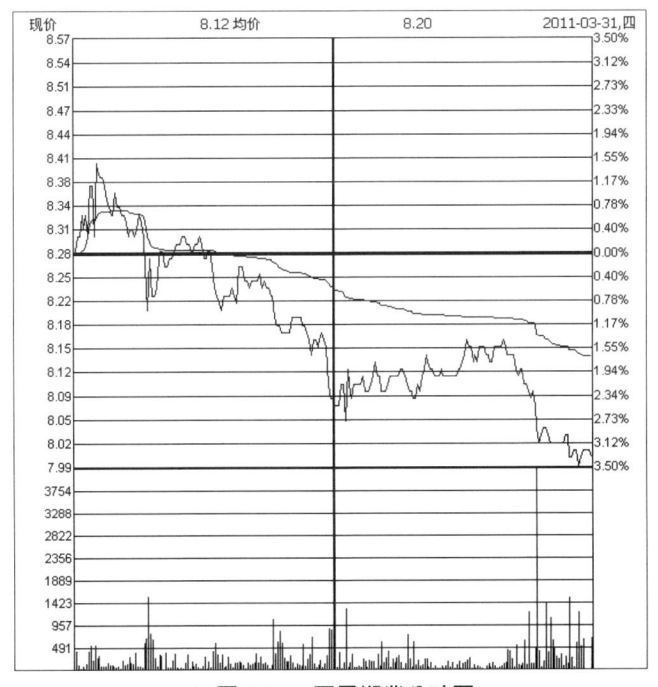

▲ 圖 3.37　國風塑業分時圖

141

理壓力。此後的幾個交易日，股價開始橫盤整理，這也是大戶吸籌的標誌。

3.4.4　用支撐位識別大戶建倉

【大戶意圖】

　　當股價連續跌破幾個重要的支撐位時，常常也是大戶進行建倉操作的時機。一般情況下，大戶會採用這種方法先找到一個較容易突破的支撐位。也就是說，在該位置儘管對股價有一定的支撐作用，但力量不強，大戶很容易經由一些打壓的手段，來使價格向下穿越這個區域。

　　從技術分析上來看，許多散戶往往認為股價突破了支撐作用，還會繼續向下運行。於是紛紛賣出手中的股票，這無形中又幫大戶繼續向下打壓股價，於是股價輕而易舉地又向下跌破一個支撐位。

　　此時形成一個惡性循環，會有更多的散戶紛紛賣盤。如此反覆後，股價會下跌到大戶認為可以進行建倉的區間，從而完成建倉操作。此後價格會一路上漲，收復前面連續幾日的失地。

【個股分析】

　　如圖3.38所示為銀星能源週線圖。可以看到股價在上漲過程中，大戶曾將股價打壓至前一低點之下，儘管下跌的幅度非常有限。

　　運用技術分析方法進行交易的散戶，非常關注這個點位，他們認為如果股價到了這個支撐位，上行便無望了。因此只要小幅度的下穿，便會讓大部分散戶看空未來。這就是大戶一手策劃的。當大戶吸籌完成後，股價自此直線上漲。

第 3 章　看懂大戶都怎麼建倉，跟著買進飆股

如圖 3.39 所示為天倫置業日線圖。當股價在急速下跌後，出現一個溫和的反彈，此後又一次下跌到新低點，這實際上是大戶故意打壓造成的。

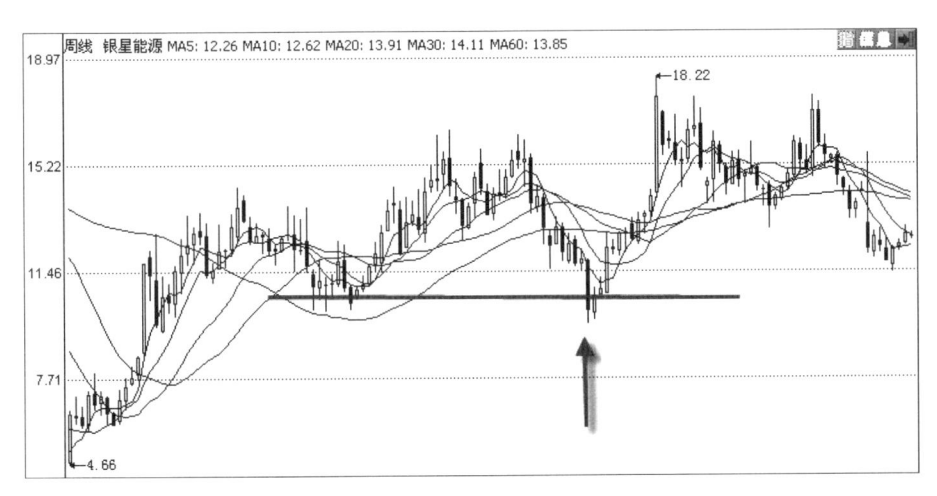

▲ 圖 3.38　銀星能源週線圖

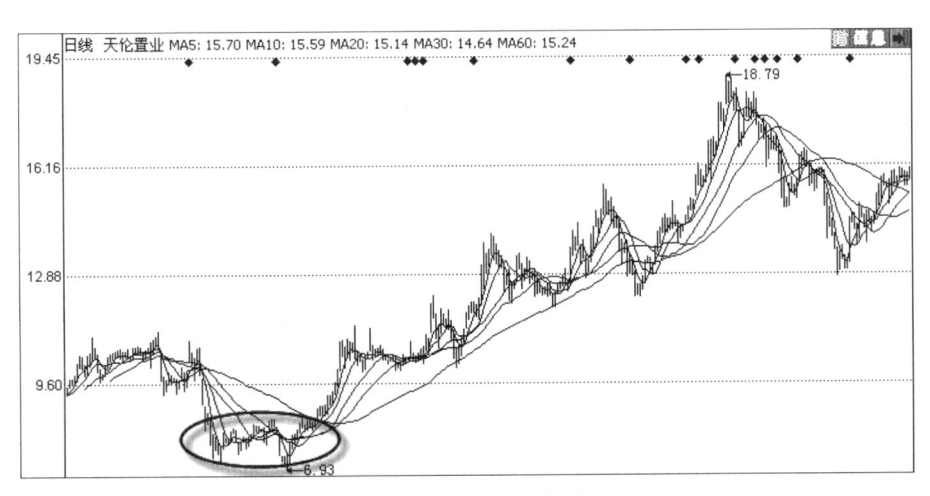

▲ 圖 3.39　天倫置業日線圖

散戶常會感覺到反彈的行情比較緩慢，無法與之前的下跌行情相比，因此大戶向下輕微打壓一下股價，就會有大批跟莊者出場。於是，大戶又可以以更低的價格買入股票。

3.4.5　以成交量識別大戶持續建倉

【大戶意圖】

如果某檔股票在上漲過程中，多個交易日內成交量持續增加，且累積的換手率已經超過100%，則表明如此活躍的交易背後，有可能是大戶已經開始建倉而拉高股價。

▲ 圖 3.40　西藏礦業週線圖

【個股分析】

如圖 3.40 所示為西藏礦業週線圖。股價在上行過程中，成交量也在兩三個交易週內保持增長，這說明大戶在拉升過程中依然積極吸籌。

如圖 3.41 所示為飛亞達 A 日線圖。股價在上漲過程中，成交量持續多次增加，這說明大戶在拉升同時，也積極不斷地建倉。

▲ 圖 3.41　飛亞達 A 日線圖

3.5 4個方法判斷大戶建倉是否到尾聲

對散戶來說，如果要成功跟莊，不僅要了解哪檔股票有大戶介入，還要了解大戶是否完成建倉的操作，因為這直接關係到散戶進場的時機。

如果大戶建倉的時間很長，散戶過早進入，則資金會白白耗在市場中，短期內很難見到收益。跟莊者在大戶建倉的末期進入市場是最理想的，既避免長時間的建倉週期，又可以獲得巨大利潤。

3.5.1 股價小幅上漲時要關注成交量

【大戶意圖】

股價開始上漲時，由於大戶已經控制住大部分籌碼，成交量不會顯著增加，且因為剛剛開始拉升，大戶不會進行震倉。如果跟莊者看到股價小幅度上漲，應及時入場跟莊，這是大戶完成建倉的標誌。

如果過晚入場，可能會錯失進場機會，因為大戶在後期可能快速拉升股價，不給投資者其他進場機會。

【個股分析】

如圖3.42所示為聯環藥業日線圖。當股價達到市場底部後，出現快速反彈。大戶在隱蔽建倉，此時K線是一連串的小實體，但成交量逐步增加，說明此時小幅度上漲是大戶建倉結束的特徵。跟莊者此時介入市場，幾個交易日後就可以得到大筆收益。

▲圖3.42 聯環藥業日線圖

如圖3.43所示為平莊能源週線圖。股價在市場底部經過漫長的盤整過程，此時大戶積極建倉。成交量由很小逐步增大，說明大戶的建倉工作已進入尾聲，此時是跟莊者理想的進場點。

▲ 圖 3.43　平莊能源週線圖

3.5.2　個股與大盤走勢相反，可能有大戶操作

【大戶意圖】

當個股走勢與大盤走勢相反，屬於不正常的狀態，有可能該股已經被大戶所控制。具體來說，如果大盤處於上漲唯獨某檔股票不漲；或者當大盤和大多股票處於下跌，某檔股票反而上漲，很有可能是因為該股票的籌碼已經被大戶吸納，大戶對此股價有絕對的控制權。

此時跟莊者可積極買入此類股票，因為只要出現符合大戶拉升的條件，未來的上漲之路是必然的。

【個股分析】

如圖 3.44 所示為上證指數週線圖。大盤指數處於快速下跌行情，也就是說在這一時期，股市表現不令人十分滿意，但有些個股卻

第 3 章　看懂大戶都怎麼建倉，跟著買進飆股

走出與大盤截然相反的行情。如圖 3.45 所示為中天城投日線圖，該個股在大盤低迷的時候，已經築底並向上運行。跟莊者如果能及時發現這一特點，立即入場就可以抓住後續一大段上漲的行情。

▲ 圖 3.44　上證指數週線圖

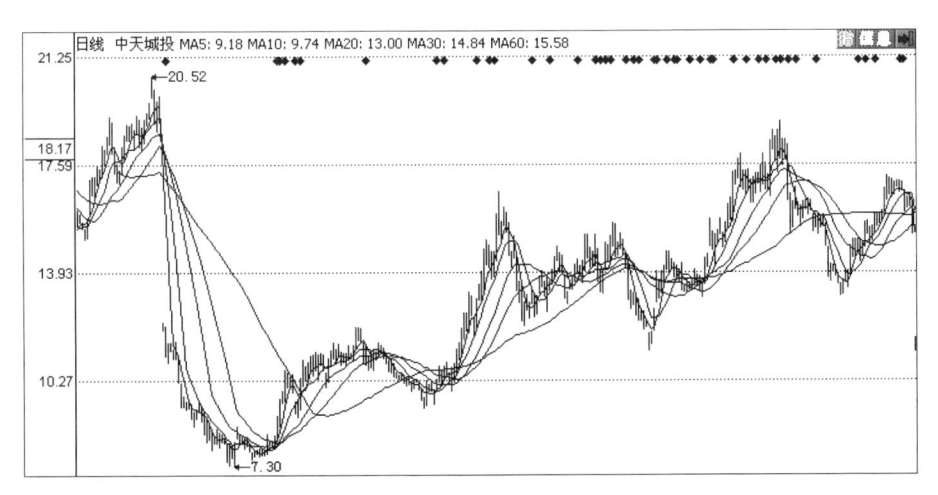

▲ 圖 3.45　中天城投日線圖

3.5.3 關鍵價位被突破，是大戶拉升的時機點

【大戶意圖】

不論是採跟莊交易策略，還是經由技術分析來進行獨立的買賣，對重要的關鍵點位都要予以足夠重視。如果大戶在建倉完成後，開始向上真正拉升，勢必能輕而易舉突破某些重要的壓力位。因此，跟莊者只要密切注視這些點位，就能成功跟莊。

【個股分析】

如圖3.46所示為如意集團日線圖。當股價在拉升中出現一個回檔後，大戶繼續吸籌。此後大戶二次建倉結束後繼續拉升，且輕而易舉突破前期高點，以跳空缺口的形式突破，說明多頭動能很大，跟莊者完全可以據此進場跟莊。

如圖3.47所示為東方通信日線圖。從整個行情來看，大戶的拉升幅度較大，因此大戶建倉一般需要幾次才能完成。股價在被拉升的

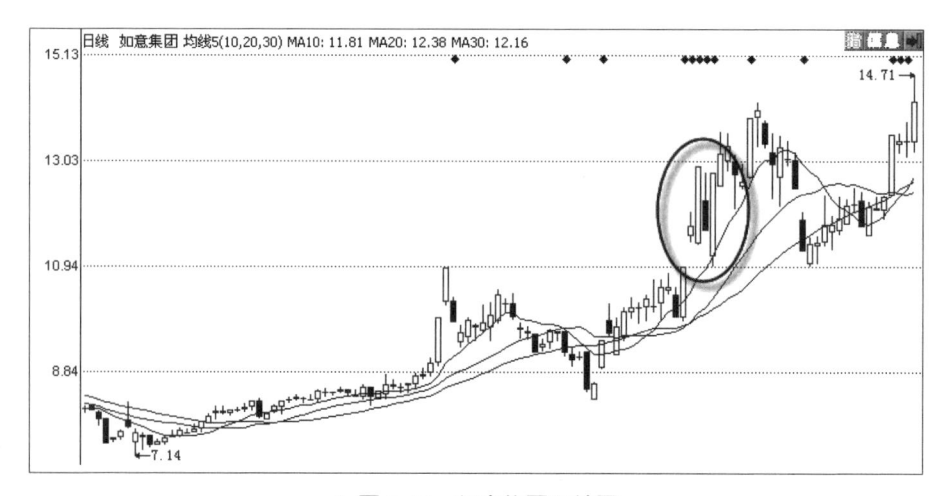

▲ 圖3.46　如意集團日線圖

過程中，大戶同時也在吸納籌碼。等大戶建倉完畢後，股價一舉上衝突破前期高點，即使此時才進場的散戶，後市獲得的利潤也不小。

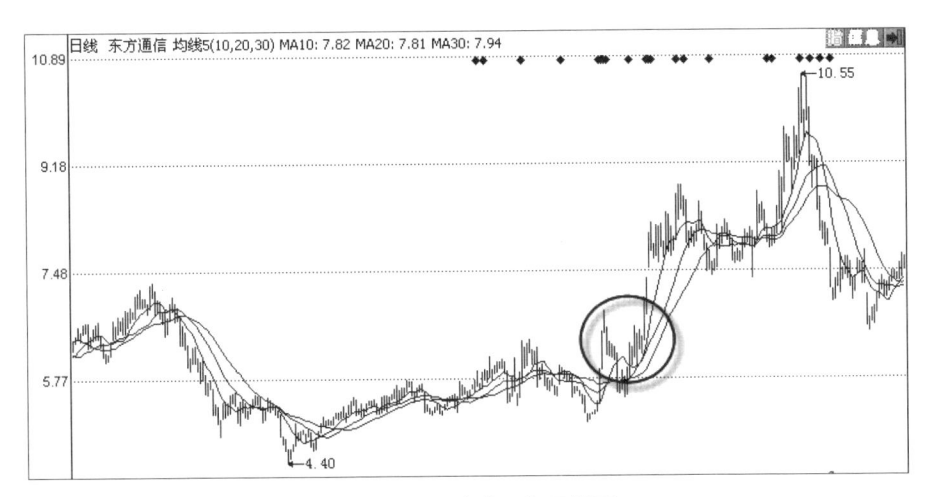

▲ 圖 3.47　東方通信日線圖

3.5.4　大陽線出現後，要注意隔日的股價

【大戶意圖】

如果某交易日的 K 線圖出現一根大陽線，跟莊者需密切關注次日的價格走勢。如果第二天的價格走勢很平淡，說明該檔股票已經完全被大戶所操縱。

因為根據一般規則，當大陽線出現後表明買盤過多，後市將繼續向上增長。但由於大戶的控盤，未來的價格走勢已經被大戶所操縱，後一交易日的平淡走勢，說明大戶不再繼續吸納籌碼，當然也沒有出貨，而是準備開始拉升之路。此時進行跟莊操作，是極其明智的舉動。

【個股分析】

如圖3.48所示為上海梅林日線圖。股價在市場底部走出一根大陽線，但後一個交易日股價卻沒有大幅度波動。這說明大戶已經可以控制整個行情走勢，跟莊者此時入場，等大戶大幅拉升就可以取得高獲利。

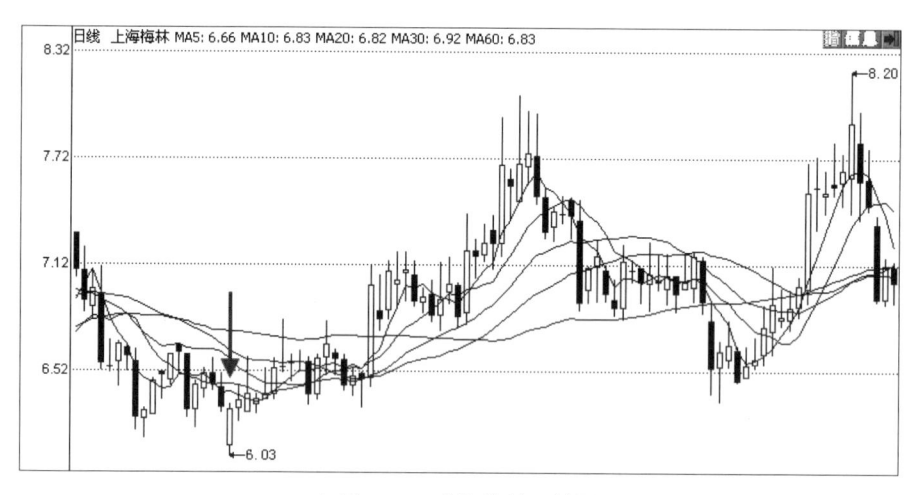

▲ 圖3.48　上海梅林日線圖

第 4 章

大戶是怎麼佈局洗盤？
散戶千萬別上當

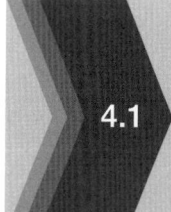

4.1 大戶常用的洗盤模式 1：
打壓洗盤、震盪洗盤

大戶在洗盤過程中，不會採用固定模式。而是根據不同環境和不同因素，採用不同方式來製造恐慌局面，迫使散戶認為股價會大幅下跌，從而過早賣出股票。

4.1.1 打壓式洗盤，實力派大戶愛用的手段

【大戶意圖】

打壓式洗盤是指大戶利用能控盤的優勢，將價格大幅打壓，引起股價快速下跌，製造出市場緊張的氣氛。許多散戶會認為市場即將進入暴跌行情，紛紛賣出手中的股票，大戶就此實現洗盤目的。

這種方法是控盤實力很強的大戶常採用的方法，他們打壓股價的幅度很大，甚至連續幾個交易日使股票大幅下跌。一般情況下，如果沒能及時察覺是大戶洗盤行為，跟莊者通常會賣出股票。

【個股分析】

如圖 4.1 所示為如意集團日線圖。大戶在拉升中，完成一次幅度很深的洗盤行為。

第 4 章　大戶是怎麼佈局洗盤？散戶千萬別上當

如圖 4.2 所示為上海梅林日線圖，大戶同樣在上漲過程中製造一次明顯的洗盤。但是此次洗盤不同於圖 4.1 的例子，大戶洗盤的時間很長、幅度很深，足以清除大部分散戶。

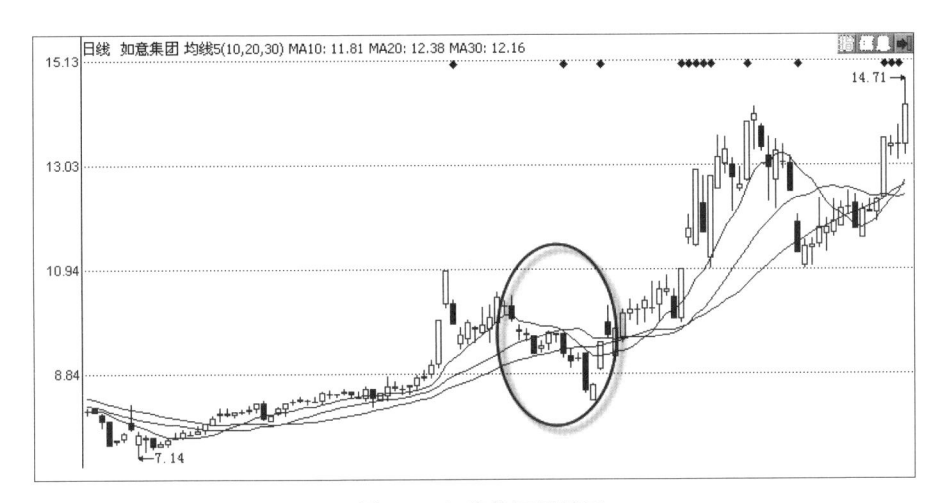

▲ 圖 4.1　如意集團日線圖

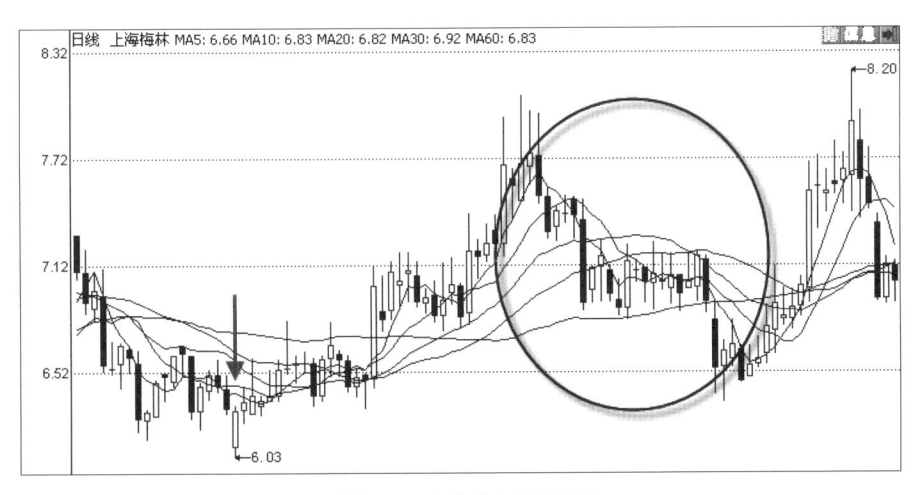

▲ 圖 4.2　上海梅林日線圖

4.1.2　打壓洗盤K線圖，會出現一連串陰線

【大戶意圖】

　　採用這種手法進行洗盤時，K線圖中常會出現一連串的陰K線。一般只有大戶才會採取這種極其惡劣的手段，來清除大批的跟莊者。當股價被大幅打壓後，K線圖上會出現較大實體的陽K線，進而重新拉升股價。

【個股分析】

　　如圖4.3所示的為太極集團日線圖，在洗盤階段，K線圖中出現一連串陰線。這是大戶故意所為，目的是讓市場快速下跌，既製造緊張氣氛，又可以利用散戶沒有看清行情來打壓股價。

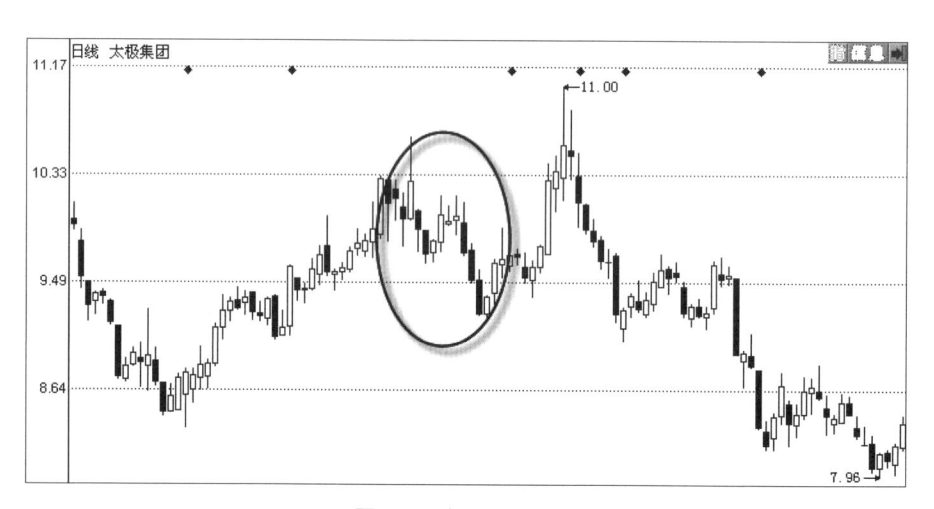

▲ 圖4.3　太極集團日線圖

4.1.3 分時圖直線下跌,是打壓洗盤常見特徵

【大戶意圖】

在分時圖中可以看到,如果大戶採用打壓式洗盤,分時圖中常出現直線下降的趨勢,這說明大戶的打壓手法非常兇狠。

【個股分析】

如圖4.4所示為ST波導分時圖。股價開盤後就快速下跌,正是大戶一手策劃的結果,目的是讓更多的跟莊者看空市場,早日出場。

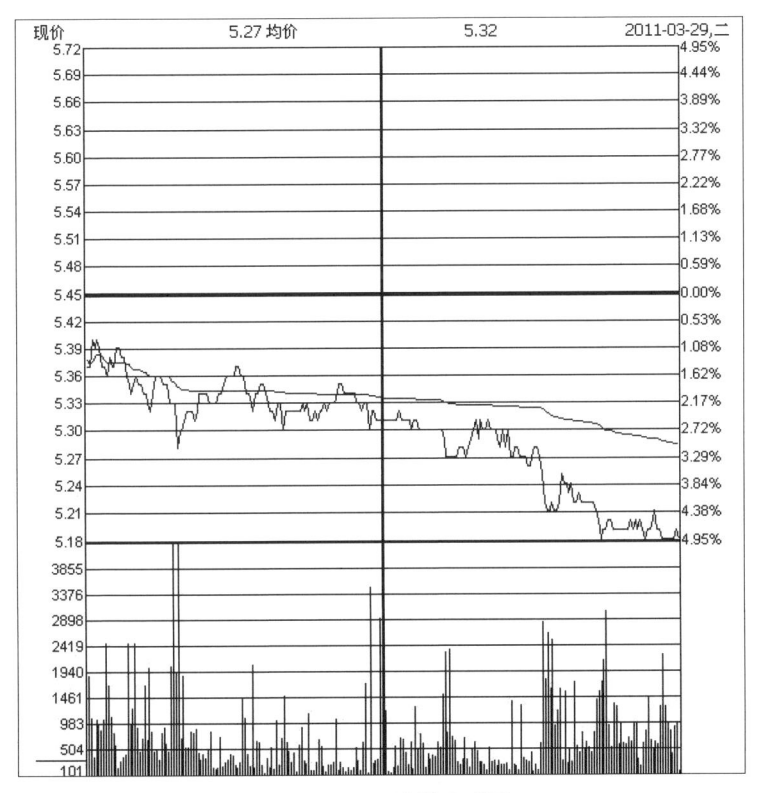

▲ 圖 4.4　ST 波導分時圖

4.1.4　打壓洗盤的成交量會快速放大

【大戶意圖】

在成交量方面，恐慌性的賣盤增大，成交量必定會出現快速放大的跡象。如果隨著股價的快速下跌，使成交量出現低迷，則說明賣盤已經將近衰竭，大戶未來可能拉升股價。

【個股分析】

如圖 4.5 所示為中色股份日線圖。大戶在洗盤時成交量明顯放大，這是恐慌性賣盤增多造成的。隨著賣盤減少，成交量也逐步萎縮。但當大戶繼續拉升後，由於大量跟莊者入場，成交量又出現一次明顯放大的行情。

▲ 圖 4.5　中色股份日線圖

4.1.5 打壓洗盤的均線圖必定向下運行

【大戶意圖】

在均線系統方面，由於大戶的兇狠打壓，短期均線必定向下運行。如果大戶的打壓幅度更大，則長期均線和中期均線也會掉頭向下，從而形成空頭排列的看跌型態。

且股價很容易向下突破均線的支撐，短期、中期和長期三條均線對股價完全不具支撐作用。當吸盤結束後，短期均線首先會向上運行，最後逐漸形成多頭排列的均線系統。

【個股分析】

如圖4.6所示為中色股份日線圖，可以看到大戶在拉升股價時，均線呈多頭排列。但洗盤時短期均線最先掉頭向下運行，出現一個死亡交叉的訊號，隨後中期均線也出現向下掉頭跡象。

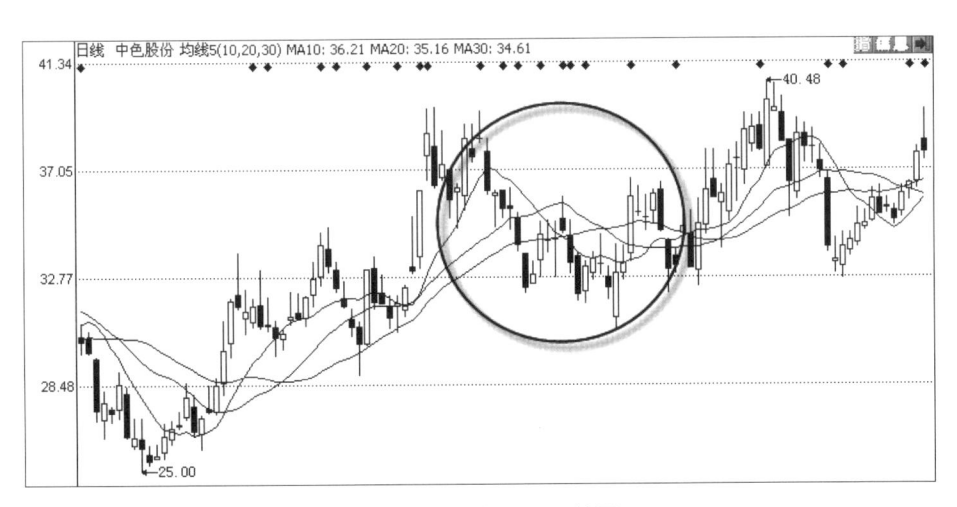

▲ 圖4.6 中色股份日線圖

4.1.6 看到打壓洗盤結束的特徵，再抄底

【大戶意圖】

對短線跟莊者來說，大戶洗盤前可以賣出手中的股票，獲取一定的利潤，洗盤結束後再次進場逢低買入，實現波段性收益。

但是在此過程中跟莊者一定要注意，大戶打壓的幅度一般都會超過10%，且股價下跌的速度極快，甚至一連5個交易日都會出現快速下跌的跡象。

因此，散戶不能在一兩個交易日的快速下跌後，就認為股價已經過度下跌而抄底買入股票，在沒有明確完成洗盤之前，散戶應該謹慎進入。在K線圖中，如果出現一些明顯的K線組合型態，比如看漲孕線、看漲吞沒等型態時，散戶才可以進行抄底操作。

對於長線跟莊者來說，投資者不必提前賣出股票，相反地，可以在大戶洗盤的過程中繼續買入股票，謀求更大的利潤空間。

【個股分析】

如圖4.7所示為銀星能源週線圖。大戶洗盤持續數週之久，已出場的交易者，要等待洗盤結束的訊號出現才能進場。圖中出現一個看漲的刺透K線型態，標誌著洗盤結束。長線交易者完全可以忽略掉此次股價的下跌過程，繼續持有股票。

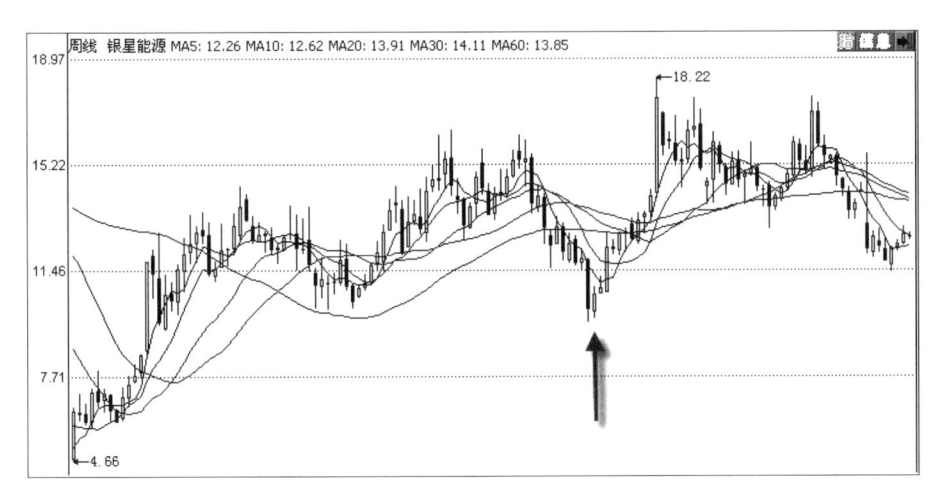

▲ 圖 4.7　銀星能源週線圖

4.1.7　震盪洗盤日線圖，出現寬幅震盪

【大戶意圖】

儘管打壓式洗盤可以震盪出相當多跟莊者，但大戶也必然丟失一些手中的籌碼。因此如果大戶認為跟莊者不夠多，一般不會採用打壓式洗盤的方式，而是常常採用震盪式洗盤的方式。

震盪式洗盤，是指大戶將打壓與拉升保持在一定合理範圍內，使股價在區間震盪，而並非大幅向下打壓。當股價有一定幅度的拉升時，立刻會有一些散戶進場做多，但是這些散戶買入的理由非常簡單，僅僅是為了追漲。

此時大戶常常會向下打壓股價，儘管打壓幅度不及打壓式洗盤程度之深，但也會製造一些利空消息。使原本意志不堅定的跟莊者，心理上產生很大的恐慌，極易產生賣出股票獲利平倉的想法。

跟莊者在此時賣出股票，會有一定程度的虧損，但又害怕股價

再向下跌落，因此只能忍痛出場。這也正好達到大戶的洗盤目的，此時大戶可以繼續吸納一定數量的廉價籌碼。

【個股分析】

如圖4.8所示為中天城投日線圖。大戶經由股價在上漲圖中的寬幅震盪，清除了大量散戶。因為這些散戶往往資金不足，在走勢不明朗的情況下，通常會選擇離場觀望。

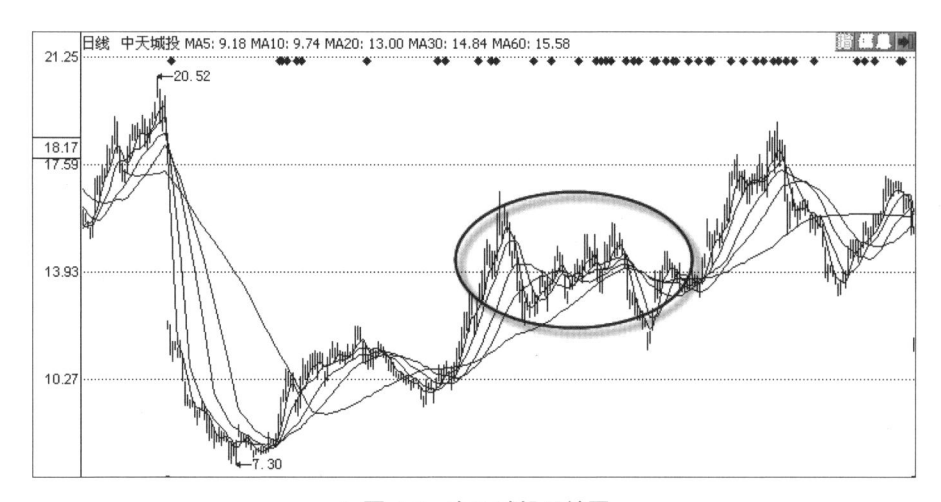

▲ 圖4.8　中天城投日線圖

此種打壓方式，一般出現在底部之上的區域內。因為大戶首先要把股價推升到一定程度，使更多散戶認為股價已經有上漲動力、已脫離市場底部有反轉的可能，才會有信心跟莊追漲。

但當一部分投資者積極進入市場時，大戶就開始採用這種向下打壓的方式，使股價向下回落。此時一個重要的特徵就是：向下回落一般不會低於前一個點位。因為跟莊買入的投資者，一般不是在市場底部買入的，他們要等行情上漲了一段時間後，才有膽量進場做多。

第 4 章　大戶是怎麼佈局洗盤？散戶千萬別上當

　　所以只要大戶把股價向下打壓一些，跟莊者的原有利潤可能就損失殆盡，甚至產生一定幅度的虧損，足以從心理上迫使他們出場。

　　如圖 4.9 所示為三一重工小時圖，股價在上漲中，大戶開始洗盤，但並未將股價打壓至市場的前一點位，僅僅反覆震盪操作，就足以迫使許多散戶出場。

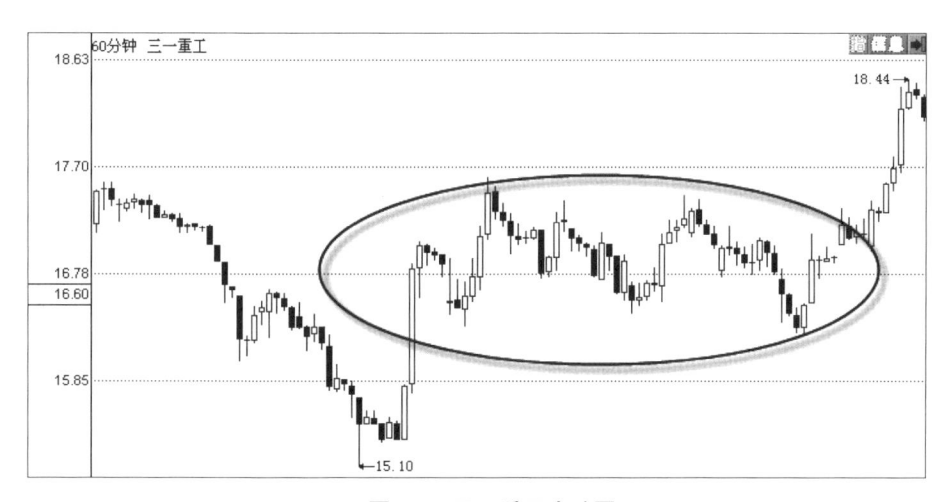

▲ 圖 4.9　三一重工小時圖

4.1.8　震盪洗盤的成交量，以不規則型態出現

【大戶意圖】

　　當大戶在洗盤時，成交量會以不規則的型態出現。當大戶向下打壓股價引起更多賣盤時，成交量會顯著增長。但隨著股價不斷下跌，賣盤逐漸減小，這時成交量會出現逐漸縮小或萎縮的現象。這也是大戶吸盤即將結束的訊號，因為市場上的成交量不會再增加，大戶即將開始向上拉升。

【個股分析】

如圖4.10所示為中天城投日線圖。大戶洗盤時成交量明顯增大，正是散戶大量出場的結果。隨著賣盤減少成交量也在萎縮，當大戶重新拉升股價時，成交量再次出現放大，這也是跟莊者理想的進場訊號。

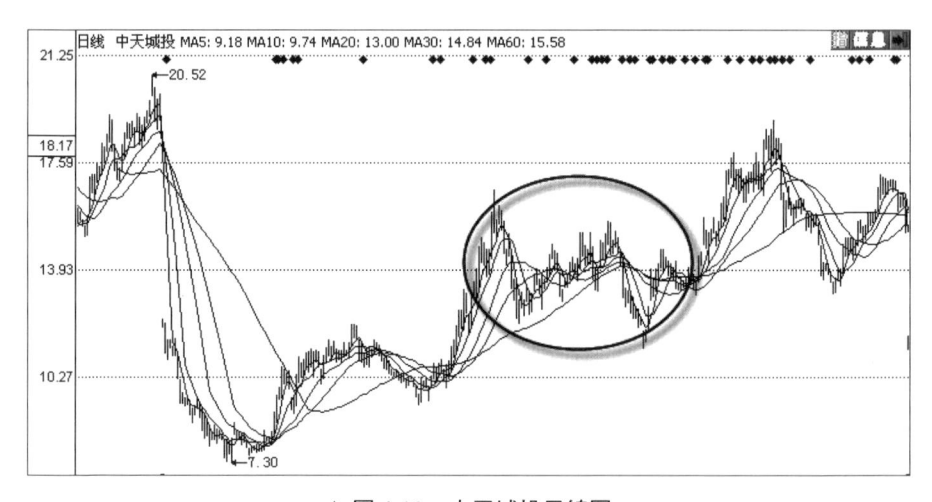

▲圖4.10 中天城投日線圖

4.1.9 震盪洗盤的均線圖，空頭多頭相繼出現

【大戶意圖】

在均線圖方面，因為大戶始終保證價格在一定區間內上下震盪，因此均線系統中，常呈現空頭排列和多頭排列相繼出現的態勢。一旦股價開始有被向上拉升的跡象時，短期均線最先掉頭向上，而形成多頭排列。

當股價達到洗盤的價格上限時，大戶可以將股價向下打壓。此

時短期均線最先向下掉頭，隨即其他均線也向下運行，形成一個空頭排列的狀態。

【個股分析】

如圖 4.11 所示為海欣股份日線圖。在震盪的區間內，短期均線因為具有極大的靈敏性，最先隨著股價的變動而變化，均線系統也是呈現多頭排列和空頭排列交錯的情形。

▲ 圖 4.11　海欣股份日線圖

4.2 大戶常用的洗盤模式 2：假突破及其他 6 種洗盤

4.2.1 橫盤洗盤日線圖，長時間停留在一個價格

【大戶意圖】

如果大戶選擇大盤績優股來坐莊，一般會採用這種方法來洗盤，因為投資者較看好績優股。如果大戶向下打壓股價，不會輕易造成散戶恐慌而賣出手中股票，同時還有可能逢低買入。因此大戶賣出籌碼不僅沒有達到想要的效果，還有可能全部轉入散戶手中。

為此，大戶一般採用橫盤平台式洗盤的方式，也就是說，大戶經由手中的部分籌碼來打壓股價，但不會使股價大幅回落，而是始終保持在一個很窄的範圍內波動。在此期間成交量極少，交易很不活躍，禁不住時間煎熬的散戶勢必就會出場。等成交量出現放大跡象，大戶便開始向上拉升股價。

【個股分析】

如圖 4.12 所示為飛亞達 A 日線圖。股價在上漲途中，長時間停留在一個價位附近波動，禁不住煎熬的投資者勢必會離場，選擇其他股票投資。

第 4 章　大戶是怎麼佈局洗盤？散戶千萬別上當

大戶採用這種方式進行洗盤，在圖表型態呈現出一個波動比較窄的區域，在 K 線圖中也常會出現一連串小陽線和小陰線相互交錯出現的情況，很少出現大陽線和大陰線。

此階段實際上是大戶和散戶心理上的博弈，誰能堅持到最後的突破，誰便取得勝利。當最終的大陽線突破盤整區域，就意味著大戶已經完成洗盤的工作，開始向上拉升。

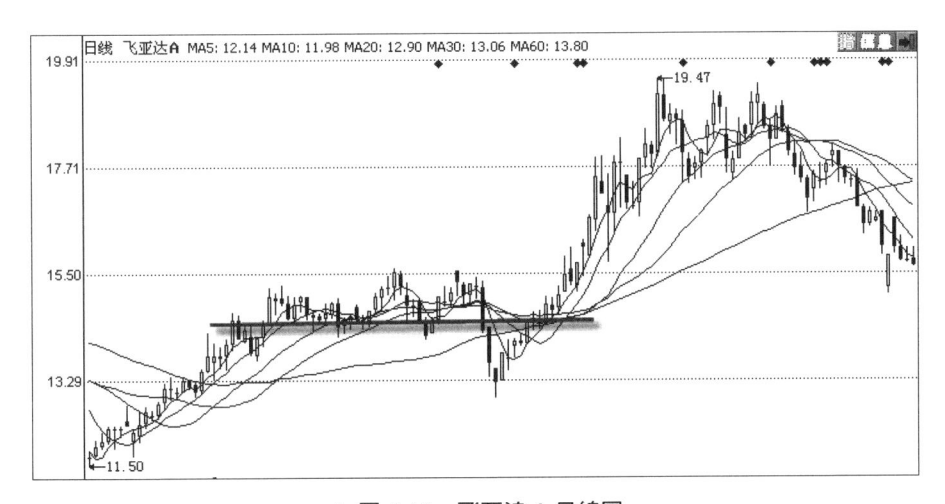

▲ 圖 4.12　飛亞達 A 日線圖

如圖 4.13 所示為蘇寧電器日線圖。大戶在洗盤過程中，K 線圖出現一連串小陽線和小陰線。之後伴隨著大陽線出現，大戶的洗盤過程結束。

在這種洗盤方式下，成交量一般很低迷。在此期間大戶很少參與操作，沒有買入股票的投資者一定認為市場交易不活躍，因此也不會買入股票，這就造成整體成交量出現低迷。當大戶洗盤結束後，需要大幅向上拉升股價，這時會出現放量來配合股價的拉升。

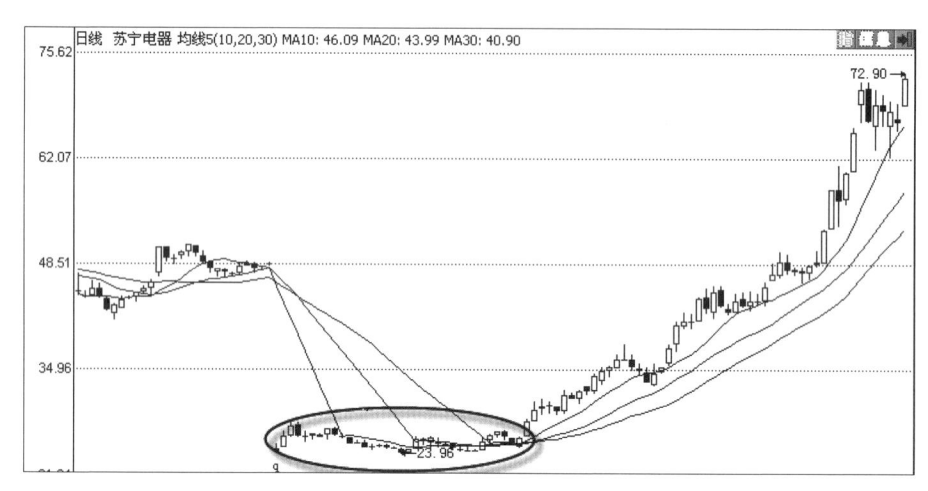

▲ 圖 4.13　蘇寧電器日線圖

　　如圖 4.14 所示為西藏發展月線圖。在大戶洗盤過程中，不僅 K 線實體較小，成交量也不大，整體市場都處於極度低迷的氛圍。當大戶洗盤結束後，伴隨著新一輪的拉升，成交量會出現明顯放量的特點。

　　在均線系統方面，由於股價長期處於徘徊狀態，且波動範圍很小，因此短期均線、中期均線和長期均線一般處於走平狀態，甚至出現黏連的狀態。但當股價開始向上拉升時，均線會從黏連狀態開始向上發散。

　　如圖 4.15 所示為太極集團週線圖。均線系統在洗盤前始終處於多頭排列，隨著大戶開始洗盤，均線系統逐步走平，各條均線之間的距離越來越小，甚至出現黏合跡象。當大戶重新開始拉升後，均線系統又開始向上發散。

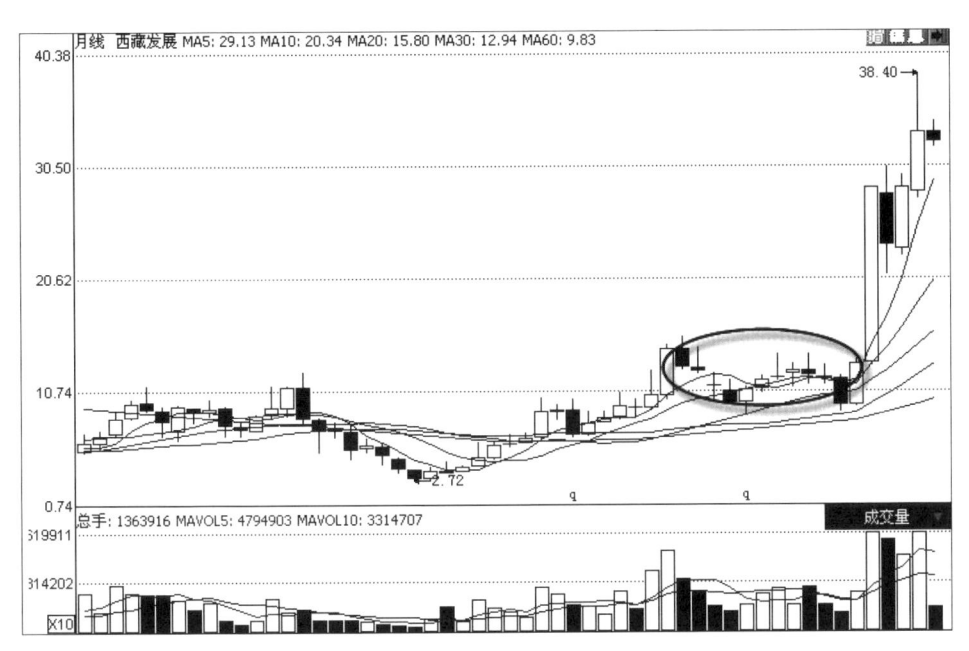

▲ 圖 4.14　西藏發展月線圖

▲ 圖 4.15　太極集團週線圖

4.2.2　盤整洗盤分時圖，在很窄的範圍上下波動

【大戶意圖】

因為股價波動不明顯，因此分時圖中常呈現在一個很窄的範圍內上下波動，一般是圍繞當前的日平均線上下波動。從分時圖中就可以看到，當日的成交價格波動範圍很小。

【個股份析】

如圖4.16所示為長航油運分時圖，從圖中就可以知道當天的K線圖一定是一個實體很小的K線，這也符合橫盤洗盤時的特性。

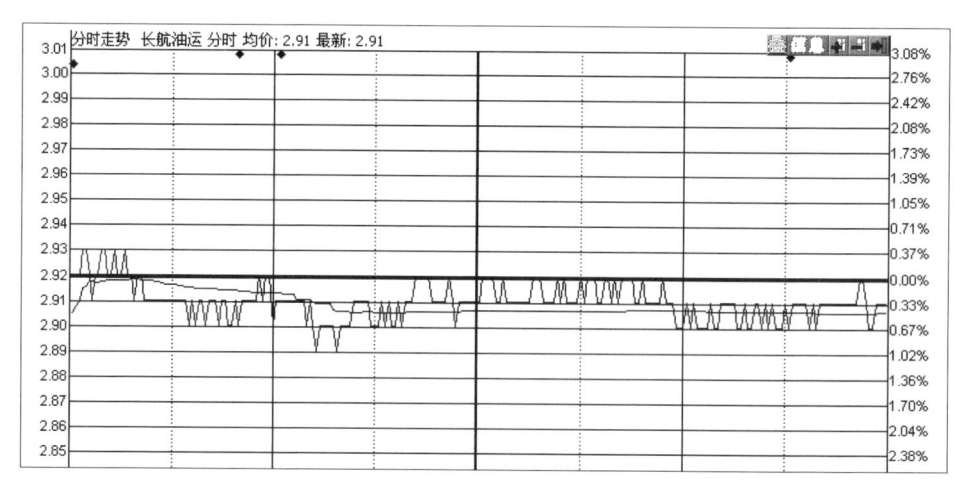

▲ 圖 4.16　長航油運分時圖

4.2.3 拉高洗盤：在拉高過程中進行洗盤

【大戶意圖】

與之前打壓股價的方式不同，拉高洗盤是指大戶在拉升過程中洗盤。也就是說大戶推高股價，並伴隨巨大成交量的產生，但即將收盤時掛出幾筆大的賣單，或賣出一部分籌碼，這使得股價有所回落。但是當天依然可以收成一根陽線，並具有長長的上影線。

這時市場的獲利盤也會跟著大戶賣出，因為散戶看到 K 線中有上影線，認為上方的壓力很大，未來可能不能向上穿越，不如及時獲利了結。而次日大戶繼續拉高股價，但當天交易日結束之前，依然向下在一定程度上打壓股價，使當前收成一根具有上影線的陽 K 線。

於是，之前賣出股票的跟莊者後悔不已，但是看到股價進一步向上拉升又不敢輕易再次進場，因此足以達到大戶洗盤的目的。

【個股分析】

如圖 4.17 所示為西藏藥業日線圖，可以看到股價在上漲途中出現一根十字線，且上影線很長，說明股價曾經大幅衝高，這正是大戶一手策劃的。當股價達到高位後再向下打壓，使部分散戶認為價格過高而賣出股票，其實未來的上漲路程還很遠沒有結束。

如圖 4.18 所示為太極實業日線圖。在拉升股價的途中，大戶多次採用拉高洗盤的方式。多個交易日相繼出現長長的上影線，此外還有陰線出現，這都會給許多沒有出場的散戶造成很大的壓力。此方式比上面例子中單一的一根帶有上影線的 K 線，洗盤力度更大。

此外，大戶有時還會隔幾個交易日採用拉高洗盤的方式。如圖 4.19 所示為太極集團週線圖，兩次拉高洗盤就相隔了數週。

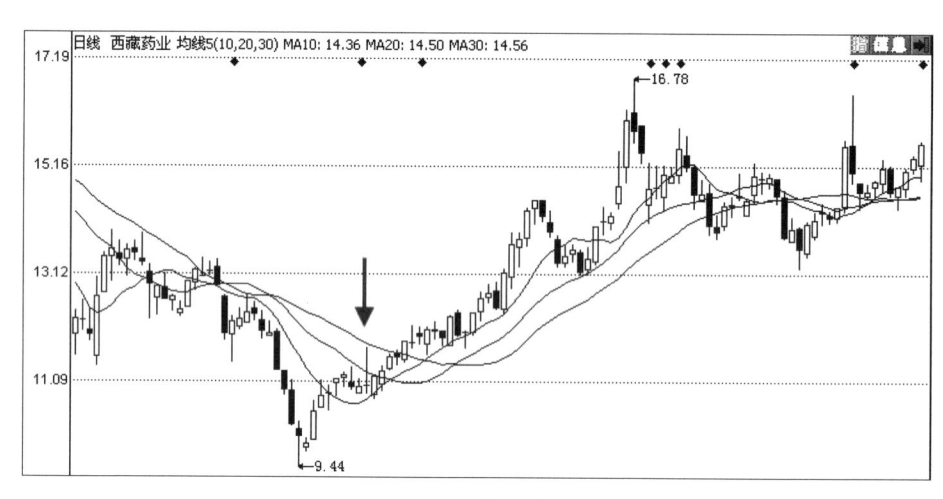

▲ 圖 4.17　西藏藥業日線圖

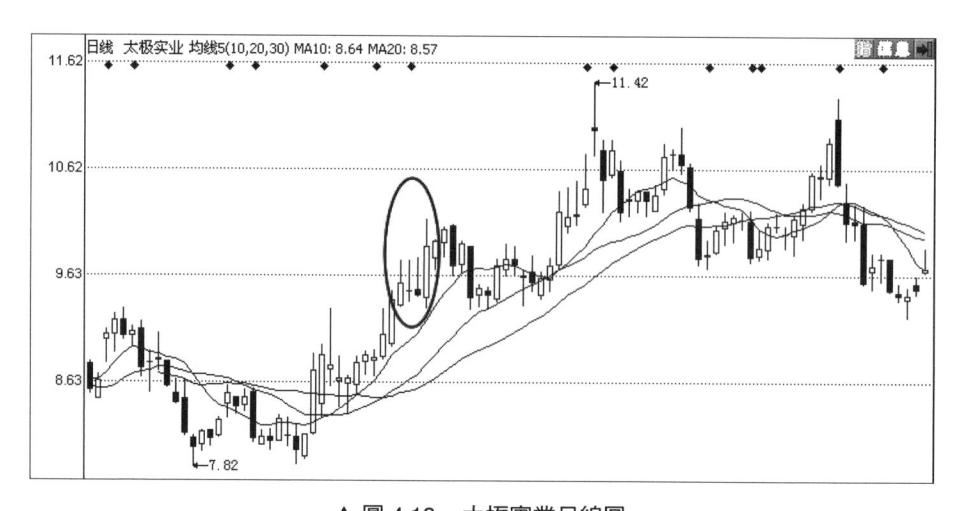

▲ 圖 4.18　太極實業日線圖

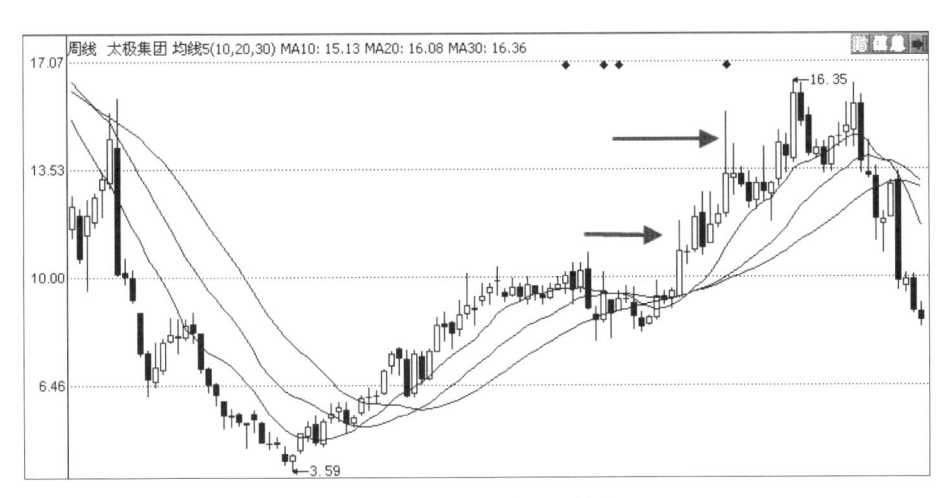

▲ 圖 4.19　太極集團週線圖

4.2.4　向下破位洗盤：使價格跌落至某個支撐點

【大戶意圖】

當大戶建倉完成後，勢必會留下微小的痕跡，這時必定有一些跟莊者買入。大戶往往經由打壓股價，使價格向下跌落至某個支撐點，或向下突破前期的低點，這時也往往會造成散戶恐慌。

因為根據技術分析理論，這些支撐位突破就意味著未來股價會加速下跌。所以恐慌賣盤會增多，於是大戶不僅達到洗盤的目的，還能收回另一部分籌碼。

【個股分析】

如圖 4.20 所示為西藏藥業日線圖。股價在上漲中突然連續出現跳空開低的大陰線，這必然會使人感覺股價已經到頂，從而紛紛賣出股票，逃離出場。但這只是大戶的一個圈套，目的就在於驅除散戶。

如圖 4.21 所示為如意集團日線圖，橢圓形區域便是一次下破位

的洗盤，此次下跌已經進入前一個缺口中。如圖4.22所示為飛亞達A日線圖。股價曾經連續三天大幅下跌，且一舉擊穿前面的兩個低點。根據技術分析來交易的散戶，此時一定選擇出場了。

▲ 圖4.20　西藏藥業日線圖

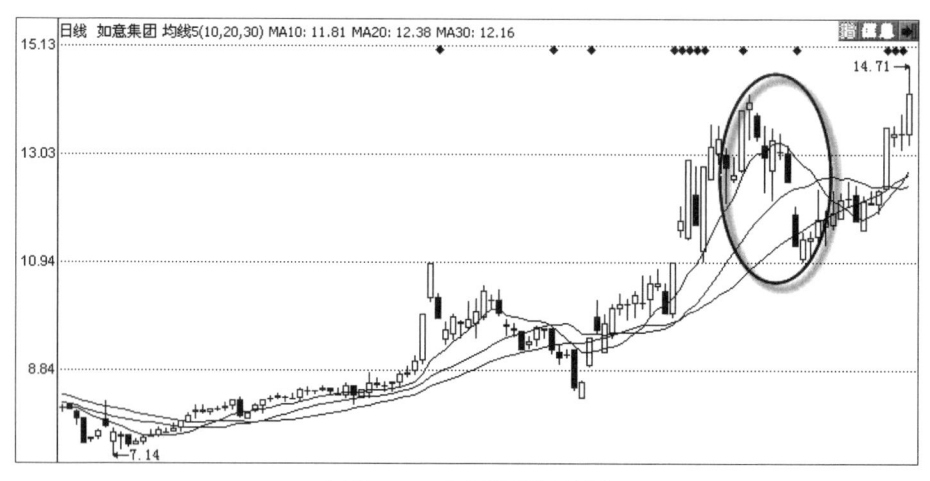

▲ 圖4.21　如意集團日線圖

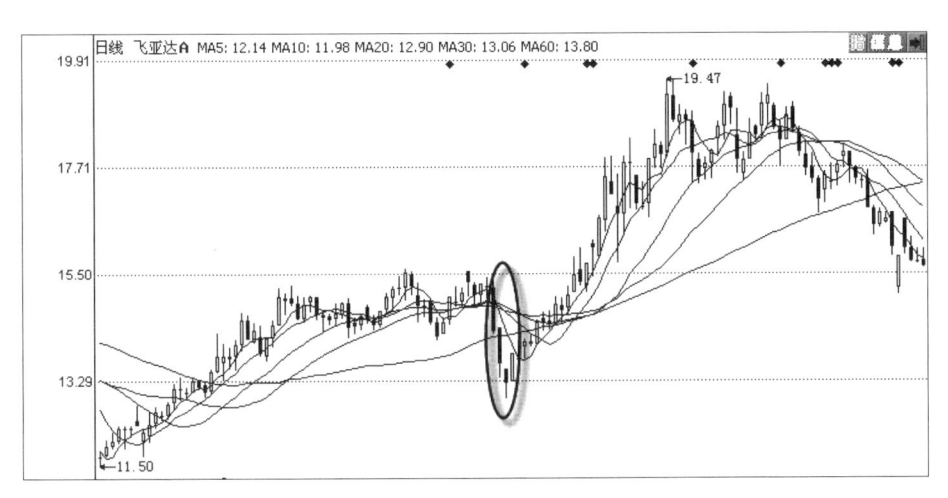

▲ 圖 4.22　飛亞達 A 日線圖

4.2.5　大幅跳空洗盤：打壓股價且開低走低

【大戶意圖】

　　一般來說，大戶若採用這種方式洗盤，會使散戶造成很大的損失，因為打壓力度很大。此外，大戶不僅將股價向下打壓，且出現開低走低的情況，即使散戶十分看好某些績優股，但遇到連續向下跳空或者大幅向下跳空，也勢必產生恐慌。

【個股分析】

　　如圖 4.23 所示為 *ST 金馬日線圖。股價在上漲中期出現連續兩日的大幅跳空開低，並在收盤時形成一根大陰線，一般散戶此時都會賣出手中的股票，不敢再繼續持有。

　　如圖 4.24 所示為中信銀行日線圖。儘管該股是大盤藍籌股，但是一連幾個交易日的大幅跳水，一般投資者也無法承受，於是紛紛離場。

▲ 圖 4.23　*ST 金馬日線圖

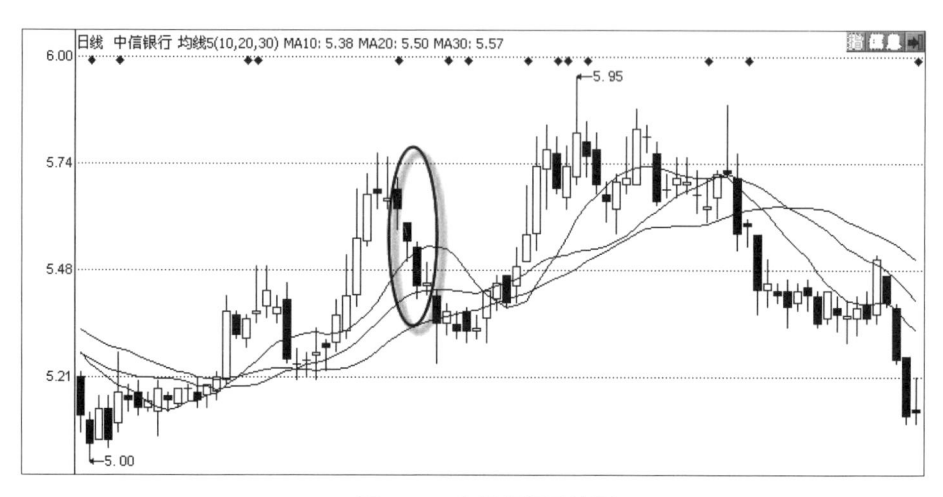

▲ 圖 4.24　中信銀行日線圖

4.2.6 假突破洗盤：拉升過程中突然打壓股價

【大戶意圖】

假突破洗盤也是大戶熱衷的洗盤方式之一。它是指大戶在拉升股價的過程中，突然向下打壓股價，從而使散戶從技術圖表上分析，得出股價已經向下突破的錯誤結論。

實際上大戶採用這種方法的向下突破，一般多為假突破，僅僅是將股價向下打壓至支撐位以下幾個點，便可以達到洗盤的目的。而大戶等待更多的賣盤出現後，隨即開始向上拉升。

【個股分析】

如圖 4.25 所示為中信銀行日線圖。大戶僅僅將股價打壓至前期低點，便會有許多交易者認為支撐乏力，而紛紛離場。

如圖 4.26 所示為海欣股份日線圖，可以看到，股價在一個向上漲升後，大戶沒有大幅拉升，而是先做洗盤的動作。當股價被打壓到

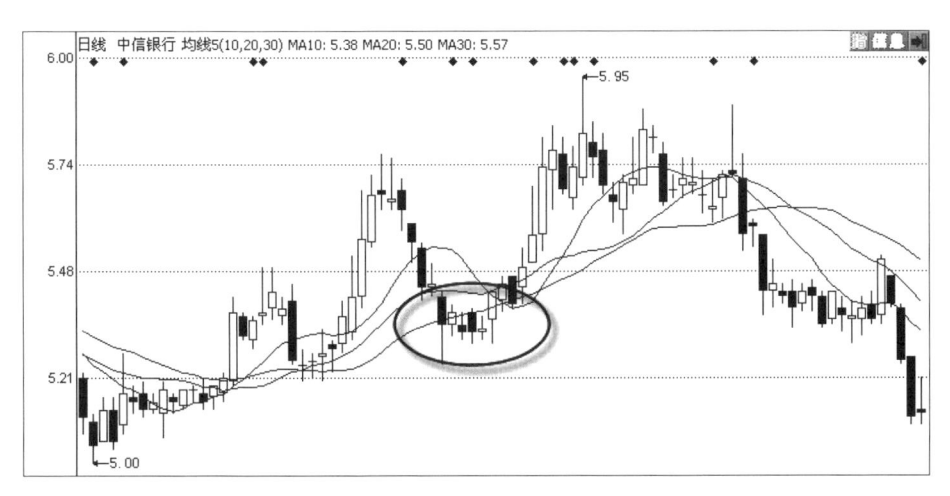

▲ 圖 4.25　中信銀行日線圖

前期低點，並有填補缺口的趨勢時，大多散戶都會選擇離場，但是不久之後大戶就要大規模拉升。如圖 4.27 所示為中天城投日線圖，可以明顯看到，橢圓形區域出現一個 W 底型態。僅僅是後一個低點略

▲ 圖 4.26　海欣股份日線圖

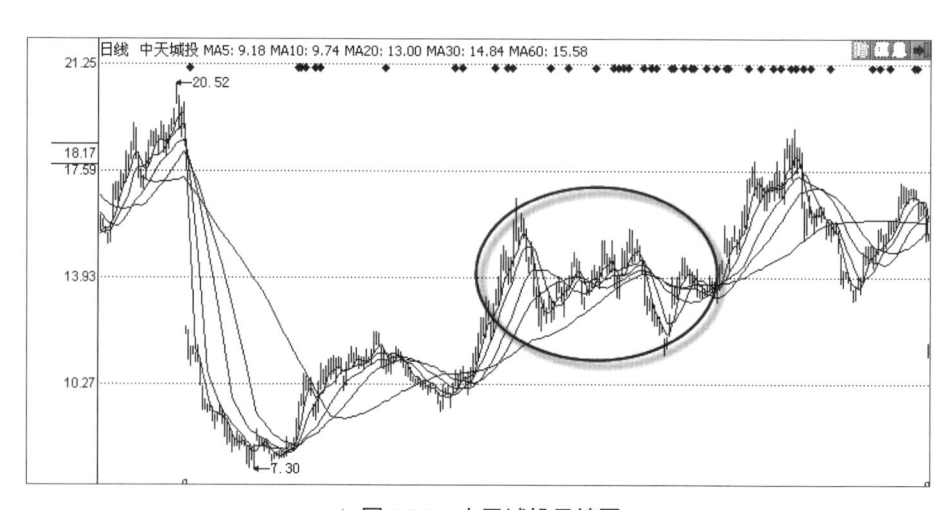

▲ 圖 4.27　中天城投日線圖

微低於前一個低點，就會使不少散戶認為有效向下突破前一低點，而選擇離場。

4.2.7　漲停板洗盤：漲停板附近打壓股價

【大戶意圖】

如果當前的股票開盤價位於漲停板附近，或者大幅向上跳空已接近於漲停板的價格開盤，上升的動力十分強大，有可能繼續向上漲，因此會有更多的跟莊者入場。

大戶往往會在此時向下打壓，使股價迅速下滑，此後必然會有一定的跟莊者停損出場。但是大戶有可能再次拉升，使股價繼續向上直至漲停板的位置，或者接近漲停板的位置，此時勢必又有跟莊者進場做多。

此時大戶常會採用相同的方式繼續向下打壓，使股價再次下滑。往返幾次後，跟莊的交易者基本上都會被清倉出場，很難在如此折騰的價格走勢中堅持下來。因此大戶僅僅在一個交易日內，就可以踢出絕大部分跟莊者。

【個股分析】

如圖 4.28 所示為海欣股份日線圖。箭頭指向的交易日大幅開高並一路上衝，此時必定有交易者跟莊入場追漲，但此後大戶大幅打壓，股價一落千丈，甚至跌破前一根陽線的開盤價。於是入場者紛紛停損離場，此後股價再次拉升。如此反覆多次，盤中的散戶就會所剩無幾了。

用 210 張線圖學會，
《建倉、洗盤、拉升、落跑》的大戶賺錢腦

▲ 圖 4.28　海欣股份日線圖

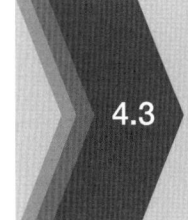

4.3 從大戶洗盤的特徵，判斷是真出貨還是假出貨

大戶向下打壓股價，是為了清除免費搭順風車的跟莊者。但是作為散戶如果想要正確跟莊，就必須了解哪些是大戶的洗盤行為、哪些是大戶準備出場的行為，因此了解大戶的洗盤特徵非常重要。

4.3.1 上漲過程中的洗盤，會圍繞短期和中期均線

【大戶意圖】

一般情況下，如果大戶在股價上漲過程中洗盤，會圍繞短期均線和中期均線進行，例如10日移動平均線或者15日移動平均線。當股價上漲過程中偏離中期移動平均線，大戶很可能向下打壓股價，使一部分散戶出場。

【個股分析】

如圖4.29所示為西藏藥業日線圖。當股價遠遠高於短期均線，大戶常會在此時洗盤；當股價回落到中期均線附近，大戶的洗盤也就宣告結束，散戶據此可以判斷大戶洗盤的起始時間。

如圖4.30所示為蘇寧電器日線圖。大戶在拉升該股時採用快速

拉升的方法，不採用深度打壓的方式洗盤，因此每次洗盤都圍繞短期均線開展。只要股價偏離短期均線，大戶便會洗盤，使股價回落至短期均線附近。

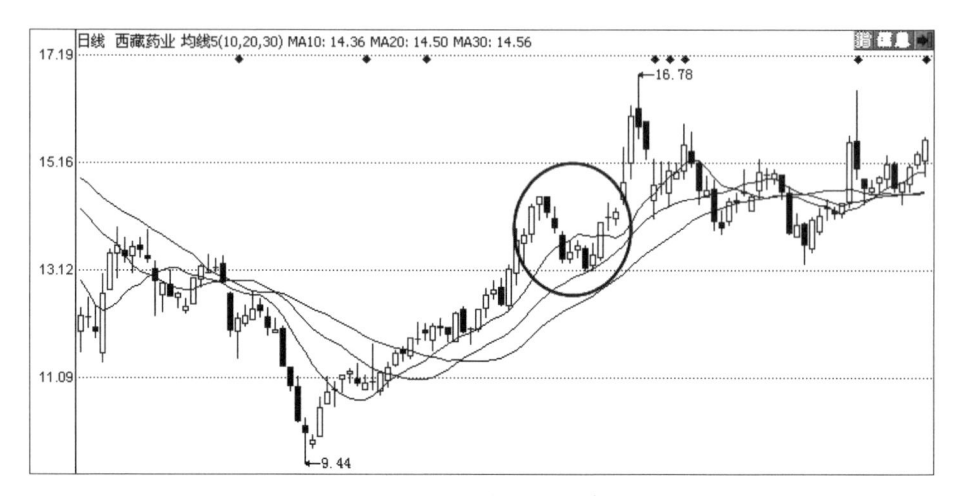

▲ 圖 4.29　西藏藥業日線圖

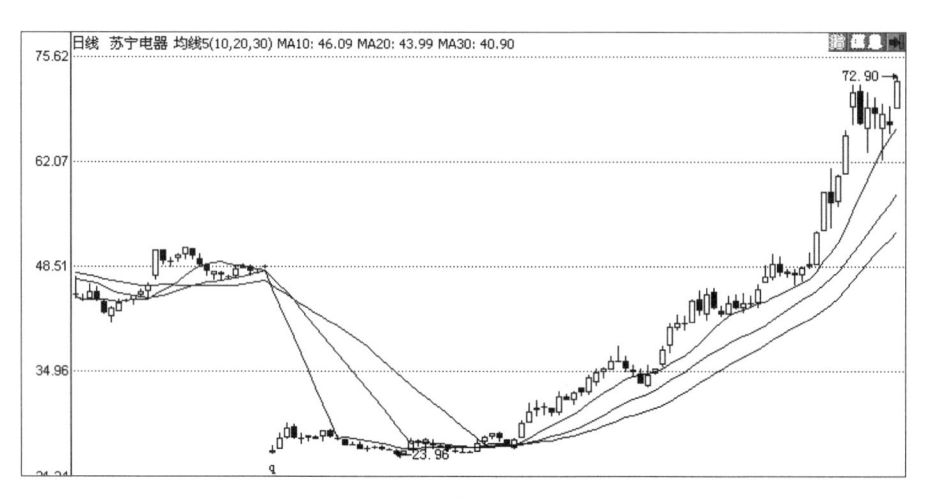

▲ 圖 4.30　蘇寧電器日線圖

4.3.2 將股價打壓至長期均線附近，快速拉升

【大戶意圖】

在長期均線方面，如果大戶將股價打壓至長期均線附近，一般會快速拉升。其實股價向下突破長期均線，突破程度不是很大，僅僅是觸及或稍微向下穿越一點。

【個股分析】

如圖4.31所示為中信銀行日線圖，大戶兩次洗盤都是將股價打壓至長期均線附近，而後快速拉升。

如圖4.32所示為*ST金馬日線圖。股價在拉升中，均線系統呈現出多頭排列的走勢。當股價遠離短期均線時大戶就會洗盤，將股價打壓至長期均線附近，洗盤就將結束，跟莊者可以根據這個規律進行波段交易。

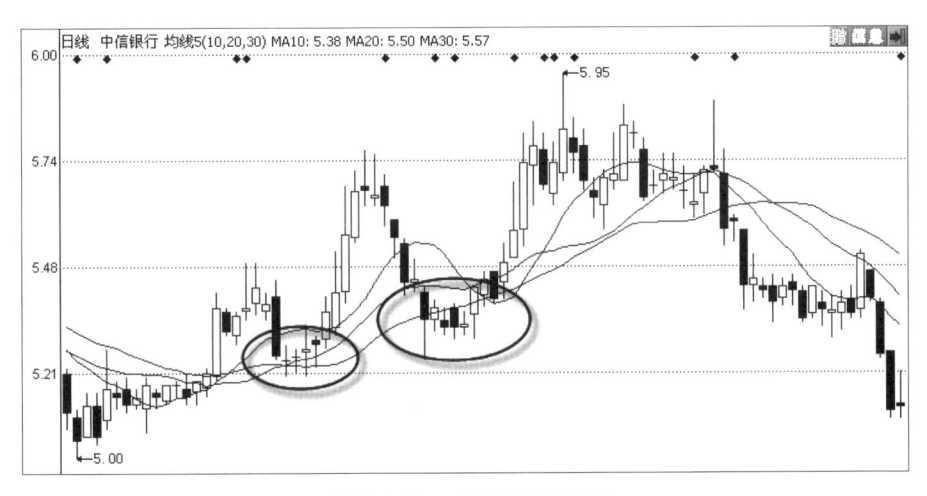

▲ 圖4.31 中信銀行日線圖

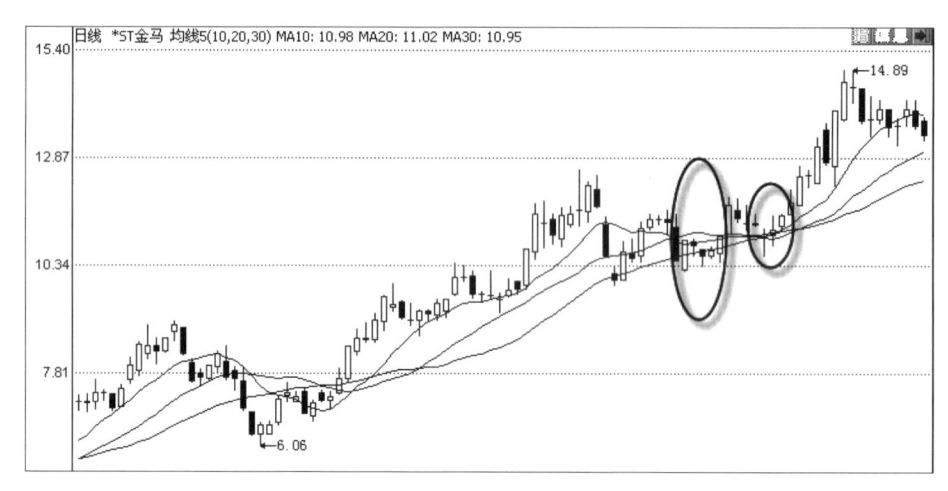

▲ 圖 4.32　*ST 金馬日線圖

4.3.3　上漲洗盤的成交量，有三階段變化

【大戶意圖】

在洗盤的過程中，成交量初期較大，因為有許多恐慌性賣盤。但是在洗盤中期由於賣盤減少，成交量會逐漸遞減。洗盤結束時大戶再次吸納籌碼，且向上推升股價，成交量會有放大的跡象。

【個股分析】

如圖 4.33 所示為太極實業日線圖。大戶在拉升股價中打壓股價，形成一根大陰線，這就是洗盤的開始。此時成交量明顯增大，散戶害怕頂部到來紛紛離場，隨後的幾個交易日出場者和成交量都逐步減少。大戶結束洗盤後開始繼續拉升，成交量也會明顯增大。

一般在洗盤結束時，伴隨著股價向上突破，成交量會有突然增大的跡象。如圖 4.34 所示為中信銀行日線圖，大戶在兩次洗盤結束後，成交量都伴隨股價上升，出現突然放量的跡象。如圖 4.35 所示

第 4 章　大戶是怎麼佈局洗盤？散戶千萬別上當

▲ 圖 4.33　太極實業日線圖

▲ 圖 4.34　中信銀行日線圖

185

為中天城投日線圖，儘管大戶在整個坐莊過程中採用不同洗盤方式，但有個共同的特點就是洗盤結束後，成交量會明顯增大。

▲圖 4.35　中天城投日線圖

4.3.4　橫盤中股價長時間沒有變化，考驗散戶定力

【大戶意圖】

橫盤過程中股價波動範圍很小，基本上長期處於窄幅的範圍。因此均線大多處於黏合狀態，這是大戶故意製造的行情，目的是讓散戶不敢繼續持有股票。畢竟股價長時間沒有變化，散戶會有心理壓力。當均線開始向上略微翹起的時候，就是洗盤即將結束之時。

【個股分析】

如圖 4.36 為廣濟藥業日線圖，大戶刻意使股價保持在窄幅波

第 4 章　大戶是怎麼佈局洗盤？散戶千萬別上當

動，三條均線黏合。且小陽線和小陰線，及小陽線和小陰線相互交錯，整體 K 線實體較小，多日處於徘徊狀態。如圖 4.37 中科英華月線圖，也是大戶洗盤的盤面特徵。

▲ 圖 4.36　廣濟藥業日線圖

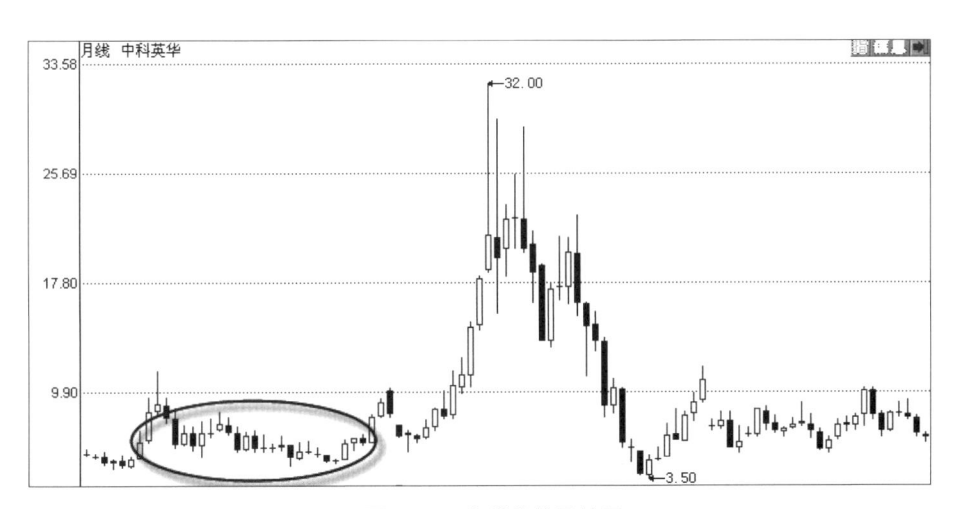

▲ 圖 4.37　中科英華月線圖

4.3.5 大戶洗盤中的K線圖，會出現固定的型態

【大戶意圖】

大戶在洗盤的過程中，儘管採用的方式很多樣，但K線圖中常會出現相近的K線型態。如果大戶打壓股價，保持股價在一個穩定的區域內上下波動，便有可能出現巨型的K線型態。

【個股分析】

如圖4.38所示為洋河股份日線圖，大戶在洗盤時股價始終在矩形區域內波動。但是當洗盤結束後，拉升的幅度也是相當大的。

如果大戶打壓股價，卻不要求股價在非常整齊的區間內上下波動，而是波動幅度有逐日遞增或逐日遞減的跡象，則有可能形成三角形或者楔形等K線型態。

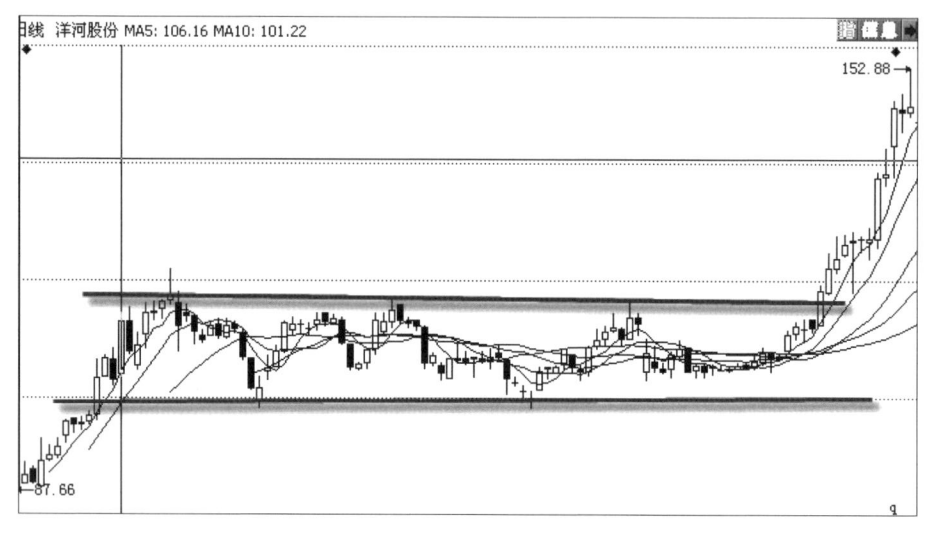

▲ 圖 4.38　洋河股份日線圖

第 4 章　大戶是怎麼佈局洗盤？散戶千萬別上當

如圖 4.39 所示為鳳凰光學日線圖。大戶在洗盤時，股價沒有在一個矩形的範圍內震盪，而是波動幅度逐日縮小，在一個三角形區域內震盪。當突破三角形上邊界時，大戶開始新一輪的拉升。

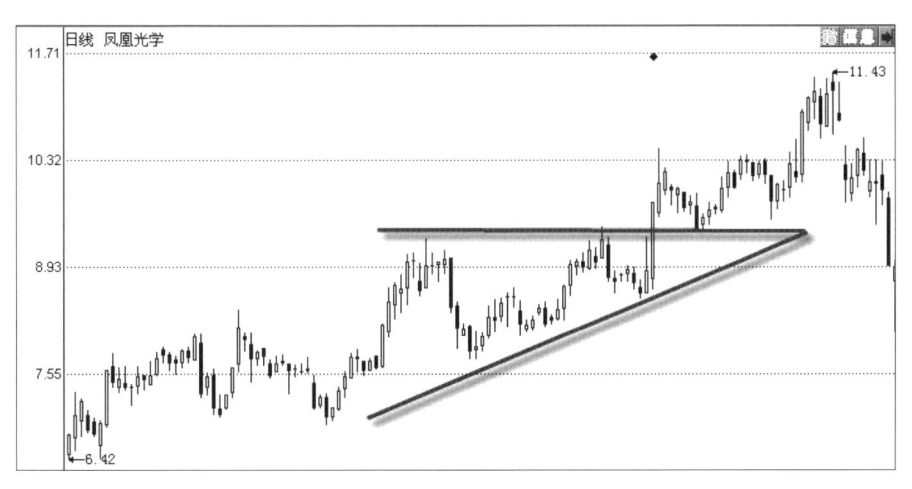

▲ 圖 4.39　鳳凰光學日線圖

如圖 4.40 所示為金陵飯店日線圖。此例中大戶在洗盤時，股價在一個楔形的區域內波動。當突破此區域後，大戶也就結束這次洗盤。

此外大戶洗盤時，K線圖還經常出現旗形型態，如圖 4.41 所示的重慶路橋日線圖。

189

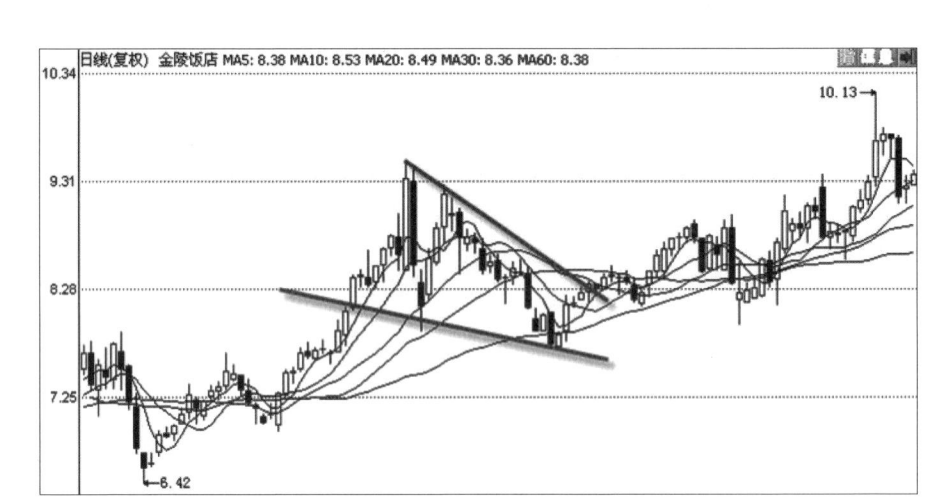

▲ 圖 4.40　金陵飯店日線圖

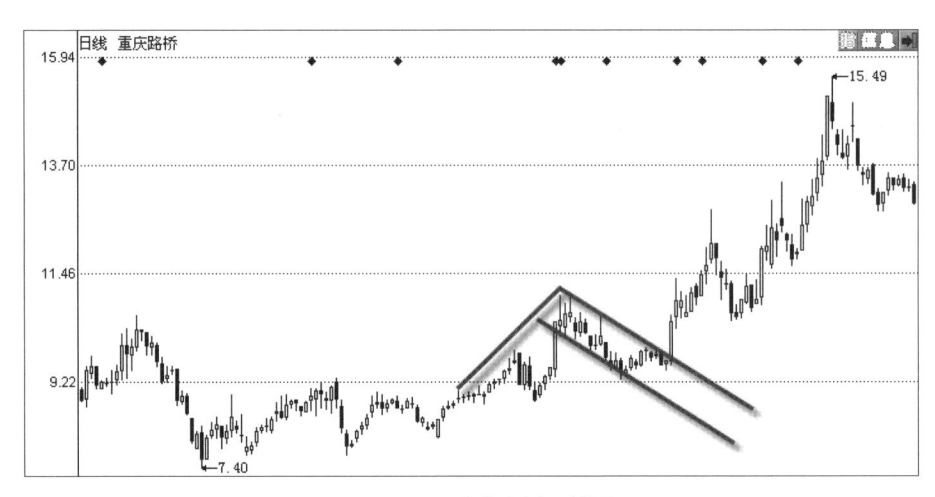

▲ 圖 4.41　重慶路橋日線圖

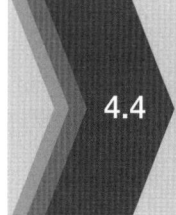

4.4 洗盤時，散戶靜觀其變是最好的策略

　　跟莊過程中，散戶若想正確識別大戶是在洗盤還是出貨，最簡單的方法是靜觀其變，不賣出手中的股票。因為此時如果賣出，即使獲得及時利潤，也只是在拉升過程中的一小部分而已。未來的上漲之路還很漫長，只要耐心等待大戶吸盤結束，往後的利潤很大。

　　激進的散戶此時完全可以等待大戶打壓股價到低點，再次加倉買入股票，謀求大戶以後拉升股票時獲得多的利潤。

　　如果無法及時識別大戶是在洗盤，而賣出手中的股票，只能等待大戶洗盤結束之後，拉升股價之前再次進場買入股票。因為一般情況下，大戶在洗盤結束之後，伴隨著放量和股價的向上突破，識別上比較容易。

　　如圖4.42所示為ST皇台日線圖。儘管在整個拉升環節中大戶多次洗盤，但是如果投資者完全不理睬大戶的行為，長期持有股票，便可以獲得較好的收益。

　　激進的散戶還可以在洗盤時利用股價的下跌，再次買入股票，以謀求更大的利潤空間。

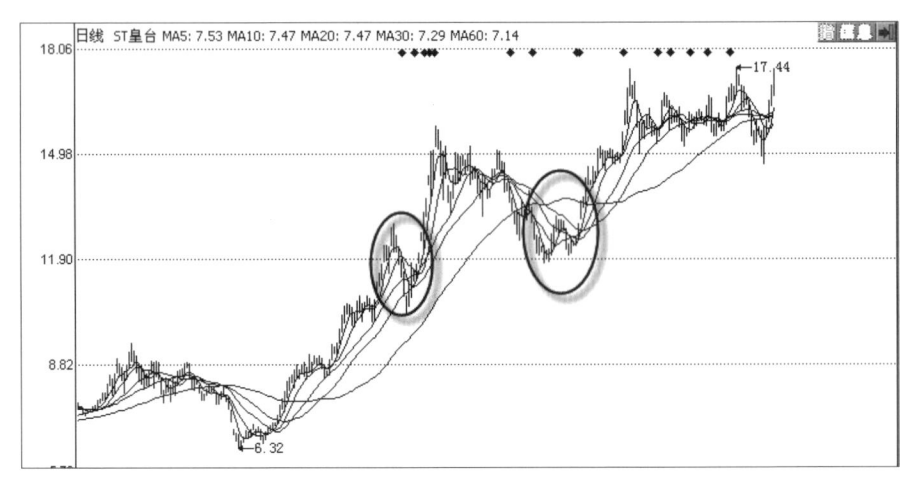

▲ 圖 4.42　ST 皇台日線圖

第 5 章

散戶該有的對策：
如何跟好跟滿拉升的個股？

5.1 大戶會在這 5 個時機點操作拉升

大戶拉升並不是盲目的操作，而是在坐莊前已經制訂好計畫，且對時機的選擇十分嚴格。

因為大戶希望在拉升過程中儘量不遇到阻力，最好還有很多跟莊者幫助推升價格，這樣拉升就會十分省力，也不會佔用大量資金。下面介紹常見的一些拉升時機。

5.1.1 大勢看好時

【大戶意圖】

大勢是指大盤的走勢，大戶拉升的股價僅僅是一支個股，因此必須考慮到大盤這個大環境。如果大盤走勢低迷，這個時候進入股市的資金本身就不足，每支個股的走勢也不會太好。許多交易者可能都在觀望，因此大戶拉升股價的成本必定要高。

相反地，在大勢看好的情況下，拉升股價就十分容易了。此時大盤走勢高漲，市場人氣旺盛，每一檔股票的走勢都不錯，拉升個股極其容易。此外，市場中交易的散戶也比熊市多，許多跟莊者會幫忙

推升股價，大戶無疑又節省了一次成本。因此，許多大戶都願意在大勢看好的情況下拉升股票。

【個股分析】

如圖5.1所示為中銀絨業週線圖，可以看到股價在底部連續被大幅拉升，從2.64元直至19.45元，增長6倍多。且股價持續上漲的過程中，成交量也是持續增大，表明跟莊者不在少數，中間還多次出現放量上漲的現象。此時，大盤走勢也在逐步上漲。

▲ 圖5.1 中銀絨業週線圖

圖5.2所示為深證成指週線圖，從兩圖對比可以發現，這兩張走勢圖有驚人的相似性，而大戶正是在這個大勢看好的大環境下，完成拉升環節的。

▲ 圖 5.2　深證成指週線圖

5.1.2　有利多消息時

【大戶意圖】

　　利多消息也是常見的一個拉升時機，如果大戶打算做某檔股票，事先一定會深入了解該公司的各方面。

　　這一點我們一般散戶應該向大戶學習，很多散戶買入股票都是隨機、盲目的，甚至連買入股票的發行公司、產業都不清楚。而大戶一定在坐莊之前做足了功課，甚至在坐莊的過程中，與上市公司始終保持一定聯繫。

　　當公司有利多消息出現時，大戶就會利用這個時機拉升股票，因為此時也會有許多散戶看到利多的消息紛紛買入股票。甚至有的大

戶在拉升時，要求上市公司配合大戶發佈一些利多的消息，可見利多消息在股市中的重要性。

【個股分析】

如圖5.3所示為老白乾酒日線圖，可以看到橢圓形區域內，股價出現三個連續的漲停板。什麼原因能夠刺激股價如此瘋狂上漲呢？原因就是一個企業改制的利多消息。在老白乾酒公告中，表明公司正在進行改制前的準備工作，計畫將國有股退出一部分，有可能引進投資者或者職工入股，但沒有具體的改制時間表。

就是這個消息在股市引發了不小的震動，大戶非常準確地掌握這個時機大幅拉升股價，從12元左右一直拉升至17元左右，漲幅約40%，而且這僅僅是拉升的開始。

▲ 圖5.3　老白乾酒日線圖

如圖5.4所示為古井貢酒日線圖，橢圓形區域同樣也是連續幾個交易日的漲停板，同時也是大戶走出盤整區域開始拉升的時機。

這次拉升同樣也是配合利多消息。此前，古井貢酒發佈公告表示，根據亳州市國資委的通知，上海浦創可能會獲得古井貢酒集團公司40%的國有產權。如果此次轉讓成功，上海浦創將成為古井貢酒的第二大股東，擁有24%的股權。此消息一出，立刻得到股民回應，跟進買入者大增，當然大戶也不會白白浪費這個機會。

如圖5.5所示為成飛集成日線圖。大戶在完成建倉的步驟後準備拉升，此時關於新能源的利多消息頻頻傳出，大戶充分利用這個消息快速拉高，中間幾乎不作停頓，成交量也配合了拉升走勢。

▲ 圖5.4　古井貢酒日線圖

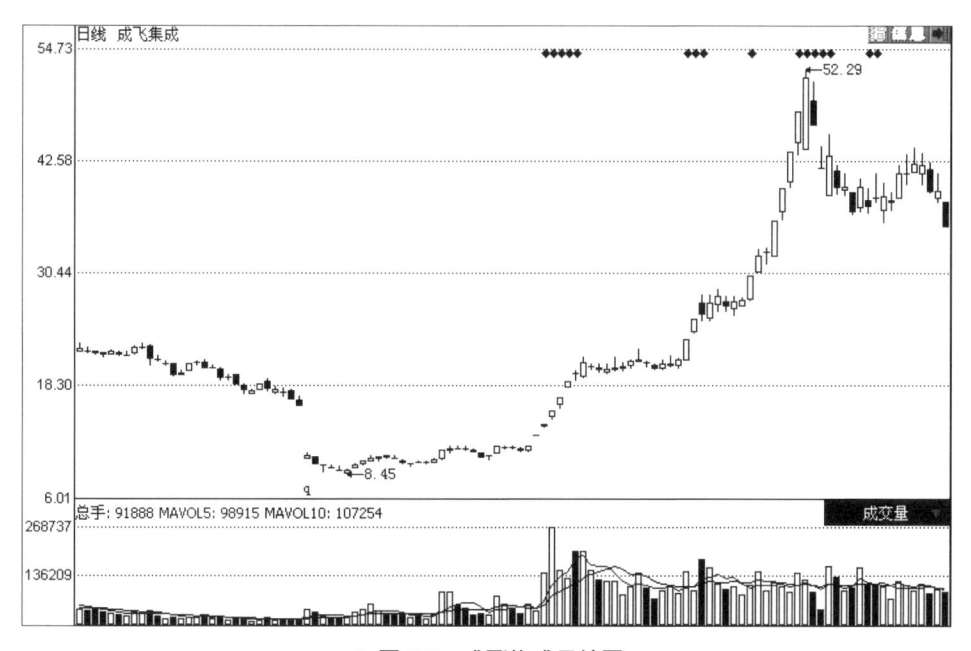

▲ 圖5.5　成飛集成日線圖

5.1.3　分紅配股後

【大戶意圖】

　　分紅配股是大戶喜歡採用的拉升時機，這主要是針對一般散戶的心理。很多散戶十分關注股票的分紅和配股訊息，因此大戶也不能錯過這個時機。配股的比例越大，持有股票的股民獲利也就越大。

　　一般而言，股票進行分紅和配股後股價都會調低。因此大戶會利用此時的低價進行大幅度拉升，一般要拉升至配送前的股價範圍。如果股票業績不錯，可能拉升的幅度更大。

【個股分析】

如圖5.6所示為國恒鐵路日線圖。圖中股價在配股後出現大幅下跌，跌幅在1.5元左右，這個空間就是大戶做文章的空間。大戶往往利用此時的低位拉升股票，最少拉升到配股前的價位水準附近。本圖中，大戶就在3.60元附近緩慢地拉升，直至4.2元附近。

▲ 圖5.6 國恒鐵路日線圖

5.1.4 K線出現築底型態時

【大戶意圖】

股市分析中的諸多方法中，技術分析的使用頻率最高。也就是說，大多數投資者都是根據K線圖來決定買入和賣出，因此大戶利

第 5 章　散戶該有的對策：如何跟好跟滿拉升的個股？

用 K 線圖來拉升，是節省成本的常用方式。

當 K 線圖中出現常見的築底型態時，股民就會據此來買入股票。而大戶在此時拉升股價，可以得到相當一部分散戶的幫助，因此無須消耗大量資金。

【個股分析】

如圖 5.7 所示為西水股份日線圖，在股價下跌的過程中，明顯出現一個頭肩底型態，這是股民中常用來確定進場的底部型態。當股價突破頸線後，股價開始拉升，且出現跳空開高走高的拉升方式。

如圖 5.8 所示為敦煌種業週線圖，在上漲回檔的末期出現 W 底。W 底是築底型態中常見的型態，當股價突破頸線後股價被大戶大幅拉升，絲毫沒有回檔的跡象，這期間散戶的作用也是不容小覷的。

▲ 圖 5.7　西水股份日線圖

▲ 圖 5.8　敦煌種業週線圖

　　如圖 5.9 所示為吉林森工日線圖，在股價下跌的末期出現 W 底變形型態，儘管兩個底部並不是一樣的價位，但不影響股民據此買入股票，抓取底部。大戶將股票拉升至頸線以後，股價可以輕而易舉繼續上漲，散戶的買入就可以推動股價上行。

　　如圖 5.10 所示為中國鋁業日線圖，在股價下跌的末期出現一個底部型態──三重底。這個築底型態一出現，會立刻引來無數散戶買入抄底，尤其是當股價突破頸線後。因此，大戶此時的拉升可以說是順勢而為，幾乎不費吹灰之力。

　　如圖 5.11 所示為涪陵電力月線圖，在下跌末期走出一個弧形的底部型態，大戶在此築底型態後開始大幅拉升。儘管弧形底的持續時間很長，但大戶在此後的拉升時間是短暫的，拉升力度是劇烈的，絲毫沒有拖泥帶水的跡象。

第 5 章　散戶該有的對策：如何跟好跟滿拉升的個股？

▲ 圖 5.9　吉林森工日線圖

▲ 圖 5.10　中國鋁業日線圖

203

▲ 圖 5.11　涪陵電力月線圖

5.1.5　產業板塊拉升時

【大戶意圖】

板塊拉升是指某檔股票出現拉升後，其所屬的板塊其他股票，也出現拉升現象。此種情況多發生在牛市中，也是基於散戶的心理 —— 散戶買賣股票往往關注板塊。

比如如果看好銀行股，就買入銀行板塊的多檔股票；如果看好建材股，就一連買入多支建材板塊的股票。這一心理當然也會被大戶利用，當某檔股票被拉升後，板塊內的其他股票也會跟風被拉升。

【個股分析】

如圖 5.12 所示為有色金屬開採板塊中的股票，可以看到板塊中的多檔股票都出現拉升的態勢，僅僅是拉升的幅度有差異而已。

第 5 章 散戶該有的對策：如何跟好跟滿拉升的個股？

	代碼	名稱	星級	漲幅%↓	現價	總手	現手	昨收	開盤	最高	最低	換手%	叫買
1	601899	DR紫金礦	☆☆☆☆☆	+10.00	5.28	1069116	203 ↓	4.80	4.90	5.28	4.86	0.68	5.28
2	600497	馳宏鋅鍺	★★★	+10.00	24.53	494906	70 ↑	22.30	22.39	24.53	22.39	3.79	24.52
3	000762	西藏礦業	★★	+9.99	38.63	307859	12201 ↑	35.12	35.74	38.63	35.65	11.17	38.62
4	002155	辰州礦業	★★★	+6.51	35.35	258934	6146 ↓	33.19	33.24	35.39	33.15	4.73	35.35
5	002237	恒邦股份	★★★	+4.79	42.40	23910	356 ↓	40.46	40.46	42.58	40.46	3.55	42.40
6	600489	中金黃金	★★★★★	+4.07	28.39	335772	57 ↓	27.28	27.15	28.60	27.15	1.81	28.37
7	601168	西部礦業	★★★	+3.95	15.53	390487	15 ↓	14.94	15.03	15.63	14.99	1.64	15.54
8	000758	中色股份	★★	+3.15	36.00	202464	4921 ↓	34.90	35.20	36.28	35.02	4.75	36.00
9	600547	山東黃金	★★★★★	+3.08	46.88	195162	19 ↓	45.48	45.40	47.15	45.20	2.56	46.89

▲ 圖 5.12　有色金屬開採板塊

5.2 教你辨別大戶是否正在拉升

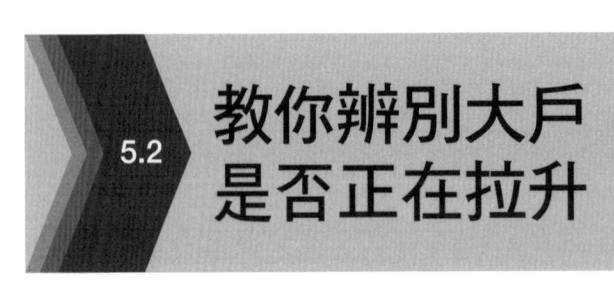

儘管在坐莊的流程中，散戶最容易識別的就是拉升過程。但大戶會採比較隱蔽的手法，不會直線向上拉升，而是在向上拉升時以震倉、吸籌等手段交替進行。因此在一定程度上，會混淆散戶對於大戶動向的判斷。

5.2.1 當個股走勢與大盤不同時

【大戶意圖】

如果某支個股的走勢與大盤完全不同，有可能是大戶已經處於拉升階段。因為如果大盤走勢低迷、市場十分不景氣，正常情況下多數股票也應該會追隨大盤的走勢，向下跌落。

但如果突然某檔股票不僅沒有向下跌落，甚至出現大幅上漲走勢，便有可能是大戶拉升所造成。如果跟莊者在此之前已經買入股票，此時就可以輕而易舉獲得巨大的利潤。

【個股分析】

如圖 5.13 所示為大元股份日線圖。大戶在拉升股價後，經過一

第 5 章　散戶該有的對策：如何跟好跟滿拉升的個股？

次短暫整理後大幅拉升，創出 28.55 元的高價。但如圖 5.14 所示的上證指數日線圖中，大盤指數當天卻走低。不僅如此，該股的上漲階段，大盤走勢都是處於下跌狀態。

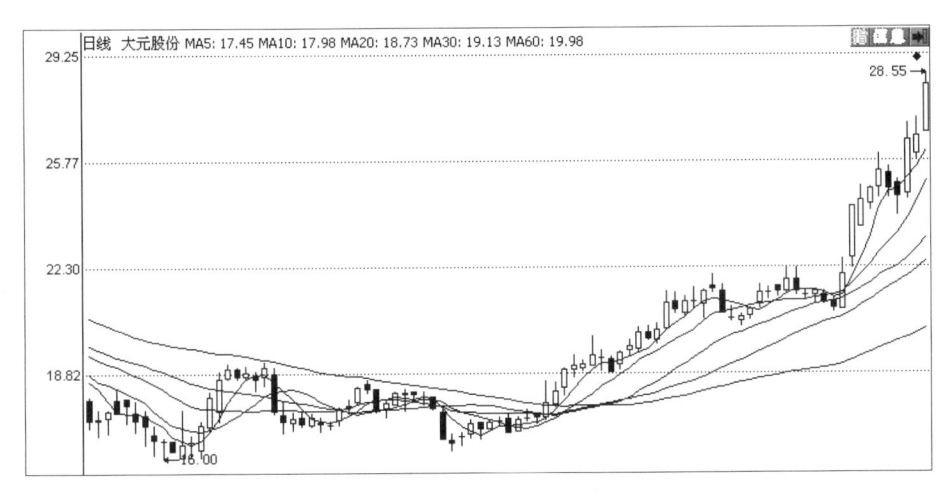

▲ 圖 5.13　大元股份日線圖

▲ 圖 5.14　上證指數日線圖

207

5.2.2 當有利多消息配合時

【大戶意圖】

大戶在拉升過程中，通常需要利多消息配合，這些利多消息有可能是大戶要求一些股票所屬公司配合發出的。但也有可能是突發的政策消息或者其他因素，這也是大戶所無法掌控的。

因此，大戶在拉升過程中，一般也希望有利多消息的配合，不僅更容易拉升股價，也能使股價上漲過程中遇到的阻力較小。

【個股分析】

如圖5.15所示為包鋼稀土日線圖。股價在拉升過程中遇到國家出台關於稀土的利多消息，於是大戶拉升更容易，價格一路直上。

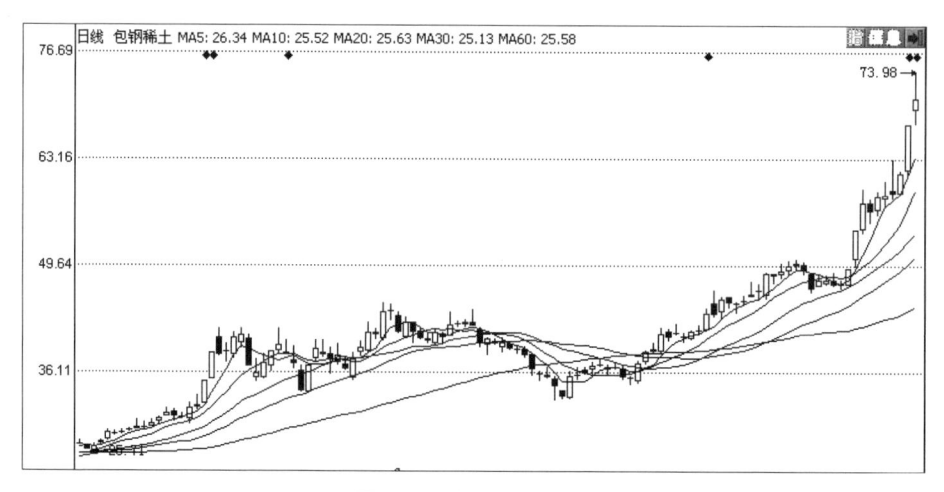

▲ 圖 5.15　包鋼稀土日線圖

5.3 大戶會用不同方式拉升，散戶應對要有策略

儘管大戶拉升股票時，已經跟莊的散戶可以穩操勝券，獲得較大利潤。但因為大戶拉升的手法不同，散戶也應該根據不同情況有所區別。

5.3.1 快速拉升，散戶短時間就能坐享其成

【大戶意圖】

採用這種方式拉升的，一般是資金比較有限的大戶，且大戶的坐莊時間非常短，屬於短線大戶。因此在拉升過程中，幾乎不採用向下打壓的洗盤方式，而是在最短的時間內快速拉升，且拉升幅度大，在K線圖中出現連續的大陽線。

【個股分析】

如圖5.16所示為中信證券月線圖。大戶在市場底部吸籌結束後，一鼓作氣將股價大幅推升，已經跟莊的投資者坐享其成，獲得豐厚回報。

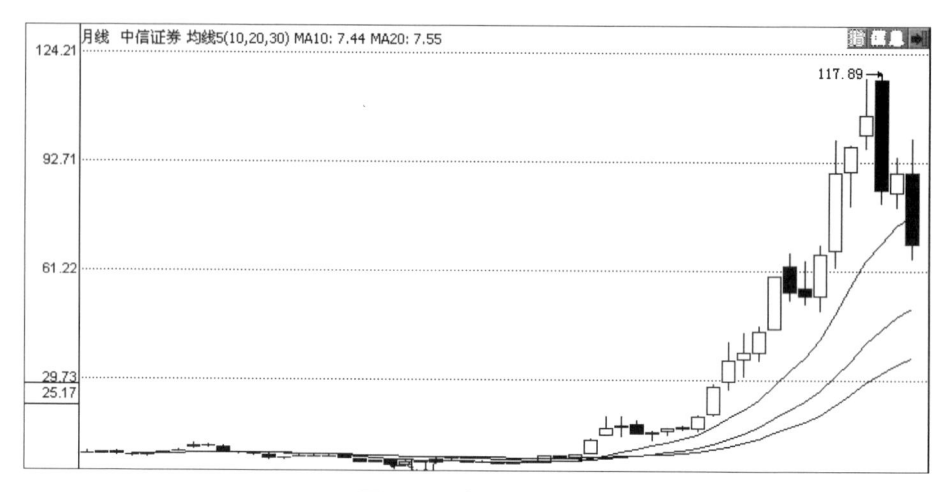

▲ 圖 5.16　中信證券月線圖

5.3.2　漲停板拉升，散戶獲利大，別急著賣出

【莊家意圖】

　　這種拉升方法多出現在大勢比較好的情況下，大戶的拉升迅猛，一連幾個或者多個交易日都有漲停板出現。此時期散戶利潤可以達到最大化，因此不必急於賣出手中的股票，等大戶有明確的出場訊號，再獲利了結。

【個股分析】

　　如圖 5.17 所示為老白乾酒日線圖。配合該股票的利多消息，大戶連續三個交易日拉出漲停板，跟莊者僅僅在這三個交易日就獲利不少。此後經過短暫的橫盤整理，股價繼續衝高。

　　如圖 5.18 所示為古井貢酒日線圖，圖示位置被大戶大幅拉升，一連出現三個漲停板，漲幅超過 30%，已成功跟莊的投資者此時一定收益不菲。

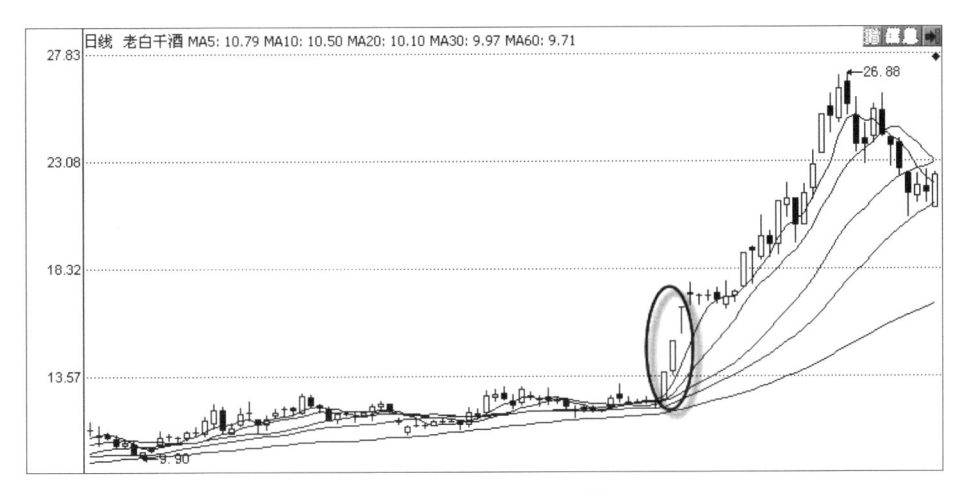

第 5 章　散戶該有的對策：如何跟好跟滿拉升的個股？

▲ 圖 5.17　老白乾酒日線圖

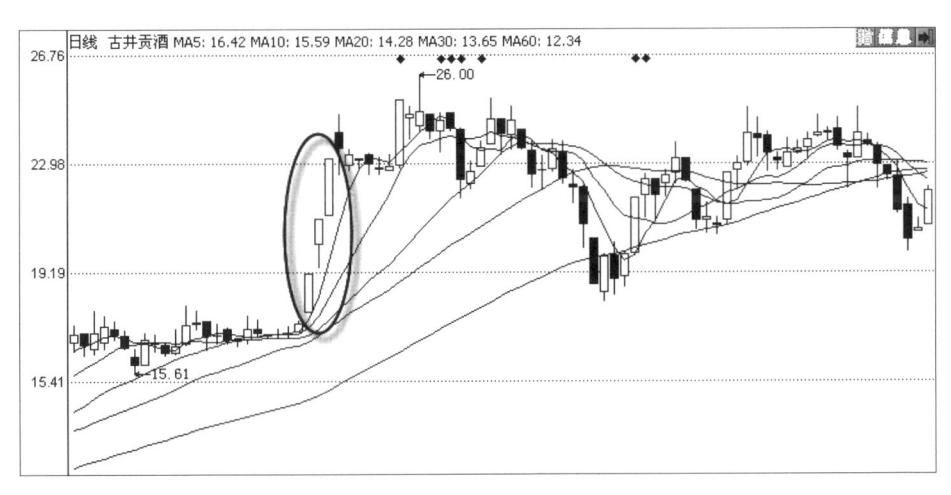

▲ 圖 5.18　古井貢酒日線圖

211

5.3.3 台階式拉升,散戶的獲利穩定

【大戶意圖】

這種方式是指大戶在向上拉升股價的過程中,不是直線向上,而是循序漸進。在一定價位上由於賣盤出現,股價在推升過程中遇到阻力,而大戶只能維持股價在一個平台上整理,等有所改變後再次向上拉一段距離。此時跟莊的散戶獲利也比較穩定,不必立即在一個平台賣出手中的股票,因為未來大戶還要往上一個平台推升。

【個股分析】

如圖5.19所示為同仁堂日線圖,大戶在拉升中穩紮穩打,逐步拉升股價。從走勢圖中可以看到有三個平台,大戶都是在站穩某個平台後繼續向上運行。散戶此時不必賣出股票,繼續持有可以獲得更大利潤。如圖5.20所示為西安旅遊週線圖,股價上升中也是以台階式拉升的方式運行的。

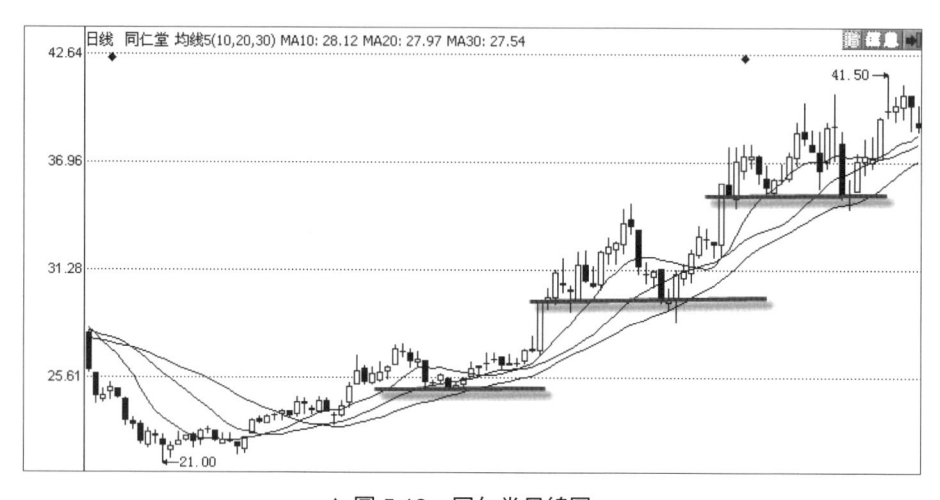

▲ 圖5.19　同仁堂日線圖

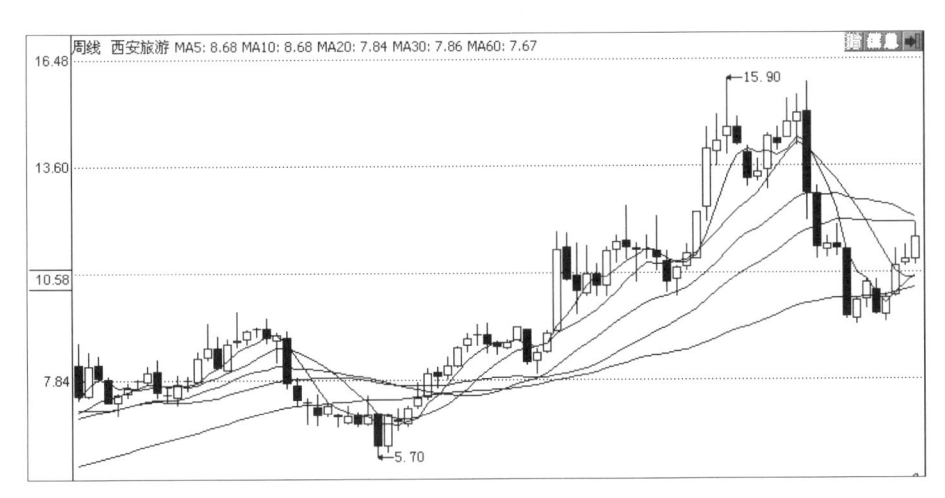

第 5 章　散戶該有的對策：如何跟好跟滿拉升的個股？

▲ 圖 5.20　西安旅遊週線圖

5.3.4　波浪式拉升，要在波谷位置時加倉

【大戶意圖】

波浪式拉升是大戶在拉升過程中結合洗盤的流程。當股價漲到一定幅度時，勢必也會有更多跟莊者獲利，這時大戶往往向下打壓股價，使一部分意志不堅定的投資者出場。

因此在走勢圖中，股價呈現波浪式向上運行的型態。散戶此時不要被大戶向下打壓動搖信心，而過早賣出股票。相反地，可以在波浪式運行圖的波谷位置買進，以謀求更高利潤。

【個股分析】

如圖 5.21 所示為西寧特鋼日線圖。股價在上漲中呈波浪式上行，當股價運行到谷底時，便是跟莊者加倉買入的時機。如圖 5.22 所示為中科三環日線圖，股價在大幅拉高的走勢中，始終呈波浪式上行。每次股價運行到谷底時，都為跟莊者提供一次買入機會。

▲ 圖 5.21　西寧特鋼日線圖

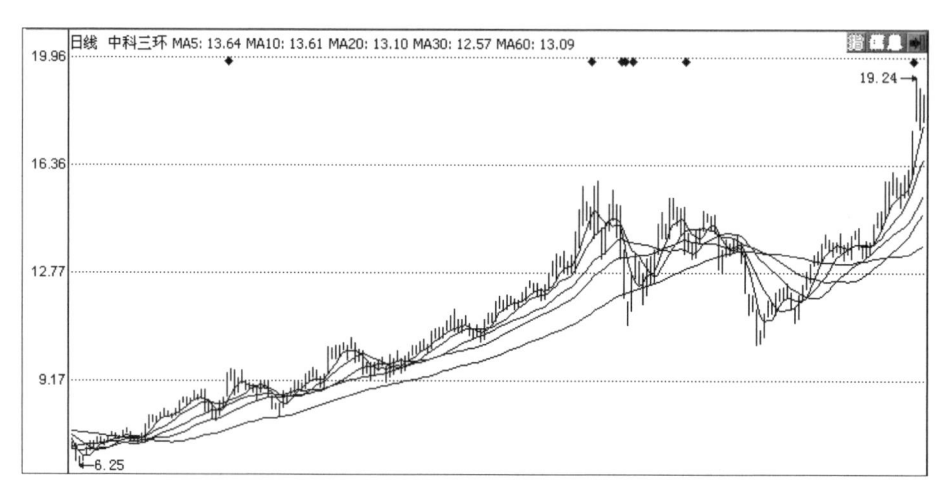

▲ 圖 5.22　中科三環日線圖

5.3.5 上揚式拉升，散戶可進場並耐心等待

【大戶意圖】

這種方式是指大戶直線向上拉升股價，在整個上漲過程中，基本上沒有出現大幅的回檔跡象，因此沒有買入股票的投資者，此時可以進場跟莊。而原有已經跟莊持有股票的散戶，若能耐心等待，未來一定有不菲的獲利。

【個股分析】

如圖 5.23 所示為聯化科技週線圖，可以看到，大戶在拉升股價的過程中幾乎直線上漲，中間基本上沒有大幅回檔，股價始終沿著短期均線直線上行。

如圖 5.24 所示為通產麗星週線圖，股價從 4.16 元被拉升至 22.00 元，幾乎是直線上漲，跟莊者此時可以在短時間內，取得不菲的獲利。

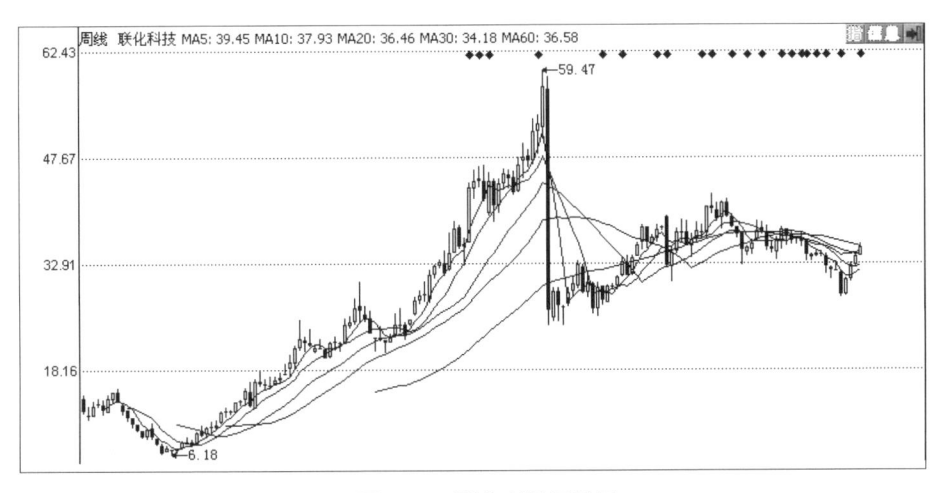

▲ 圖 5.23　聯化科技週線圖

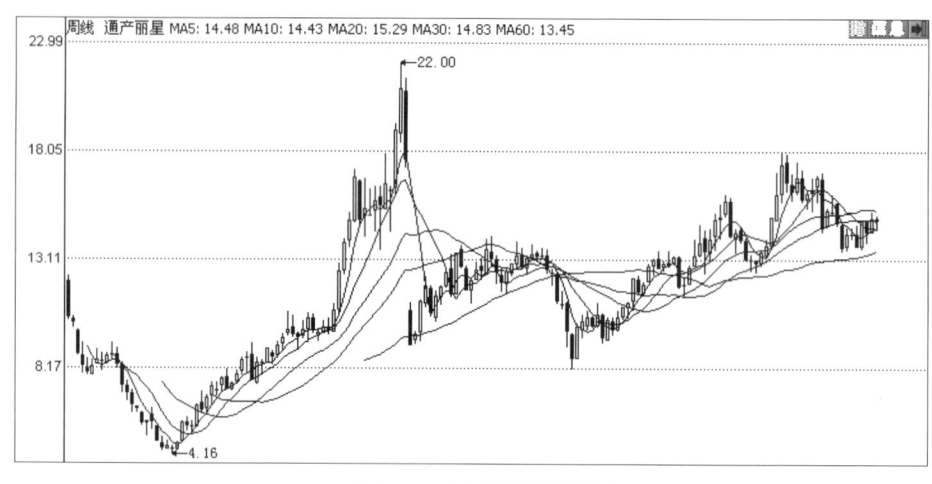

▲ 圖 5.24　通產麗星週線圖

如圖 5.25 所示為大東南日線圖，儘管在拉升過程中，沒有出現太大的開高或大陽線，但也是直線上漲的，整體保持在短期均線上運行。

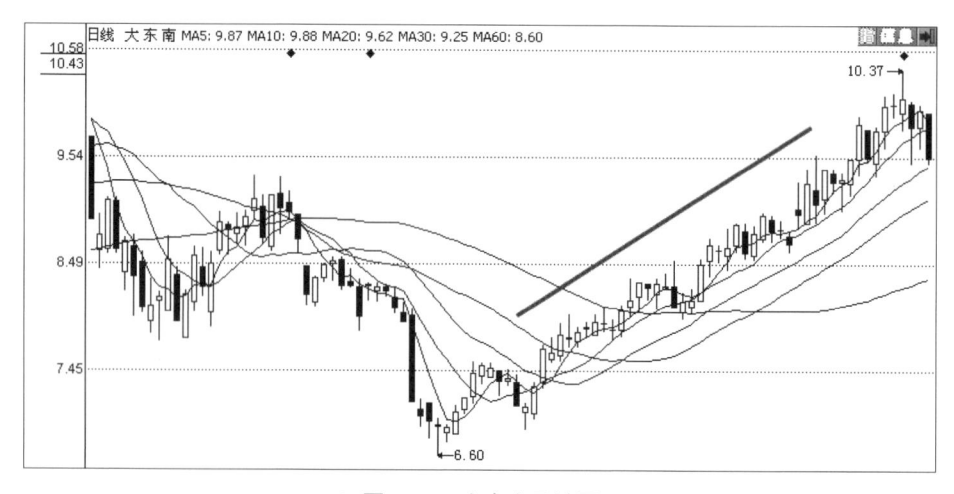

▲ 圖 5.25　大東南日線圖

5.3.6 大戶緩慢拉升，散戶不必心急

【大戶意圖】

這種方式是指大戶在拉升的過程中持續的時間很長，可能長達數個交易日甚至數月之久，才將股價拉升至目標位。大多交易者往往禁不起時間的煎熬，中途便出場，這正是大戶不必採向下打壓，便可獲得的洗盤效果。而散戶此時正確的做法是不必心急，堅持等待大戶向上緩慢拉升到頂部，再賣出股票。

【個股分析】

如圖 5.26 所示為青島雙星日線圖。股價從 4.54 元開始拉升，但整個上漲過程極其緩慢，大戶每日拉升的幅度都不大，給人一種上升乏力的感覺。一些急性子的交易者此時會選擇離場，這正合大戶心意，減少了跟莊者的數量。

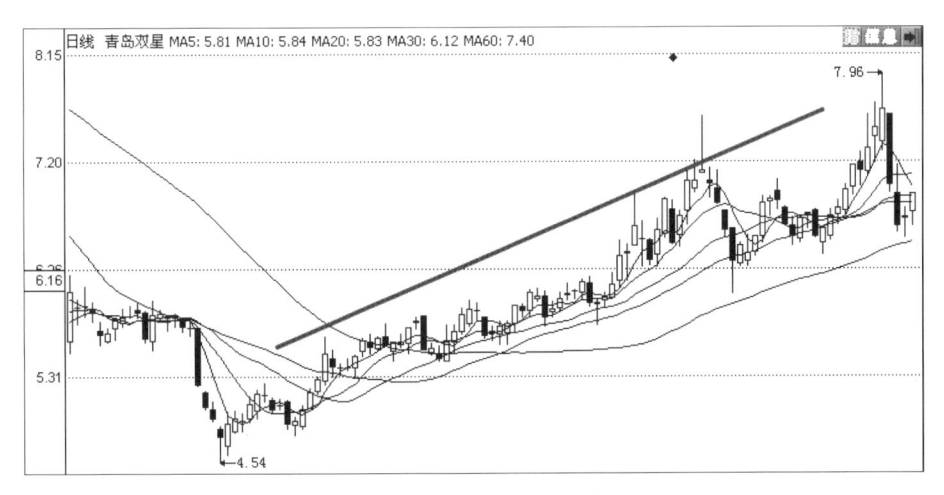

▲ 圖 5.26 青島雙星日線圖

5.3.7　大戶劇烈震盪拉升，整體還是向上不必擔心

【大戶意圖】

這種方式是指大戶在拉升過程中，始終保持股價大起大落劇烈震盪，整體趨勢仍是向上的。但在如此劇烈震盪的過程中，必然會有一些高位入場的投資者停損出場。大戶會及時補充手中的籌碼，逢低吸入更多的賣盤，為未來繼續向上拉升做更大的準備。

散戶正確的做法是，不必擔心如此劇烈的震盪。既然股價呈向上運行的態勢，意味著大戶依然在拉升，向下打壓只是洗盤的一種方式而已。

【個股分析】

如圖5.27所示為浙江東方日線圖。大戶在拉升過程中，股價雖然出現大起大落的劇烈震盪行情，但整體的運行方式向上。

如圖5.28所示為飛亞達A週線圖。儘管在拉升過程中出現劇烈震盪，但整體股價的運行方向依然向上，散戶大可不必擔心，繼續持有股票必定可以獲利。

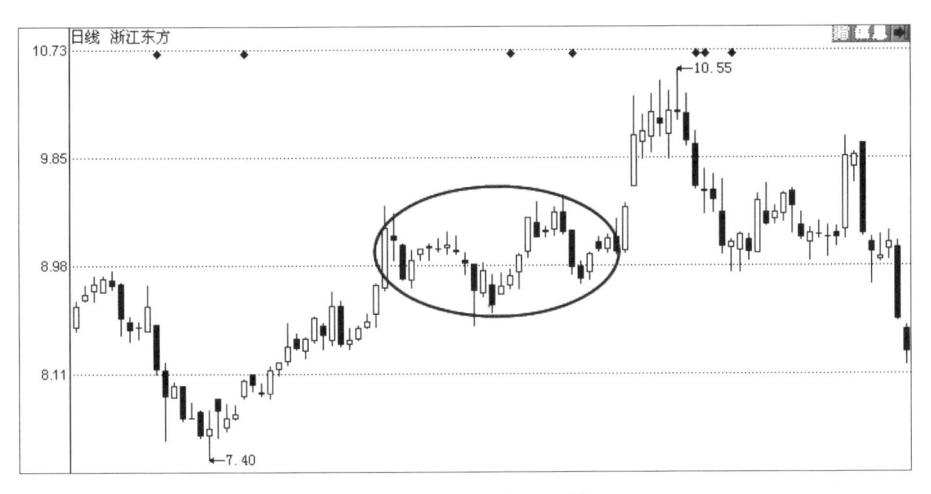

第 5 章　散戶該有的對策：如何跟好跟滿拉升的個股？

▲ 圖 5.27　浙江東方日線圖

▲ 圖 5.28　飛亞達 A 週線圖

國家圖書館出版品預行編目（CIP）資料

用210張線圖學會，《建倉、洗盤、拉升、落跑》的大戶賺錢腦／笑看股市著. –
新北市：大樂文化有限公司，2025.6（優渥叢書 Money；088）
224 面；17×23 公分
ISBN 978-626-7422-99-1（平裝）
1. 股票投資　2. 投資技術　3. 投資分析
563.53　　　　　　　　　　　　　　　　　　114006282

Money 088

用210張線圖學會，
《建倉、洗盤、拉升、落跑》的大戶賺錢腦

作　　者／笑看股市
封面設計／蕭壽佳
內頁排版／王信中
責任編輯／林育如
主　　編／皮海屏
發行專員／張紜蓁
財務經理／陳碧蘭
發行經理／高世權
總編輯、總經理／蔡連壽
出 版 者／大樂文化有限公司
　　　　　　地址：220新北市板橋區文化路一段 268 號 18 樓之一
　　　　　　電話：（02）2258-3656
　　　　　　傳真：（02）2258-3660
詢問購書相關資訊請洽：2258-3656
郵政劃撥帳號／50211045　戶名／大樂文化有限公司

香港發行／豐達出版發行有限公司
地址：香港柴灣永泰道 70 號柴灣工業城 2 期 1805 室
電話：852-2172 6513　傳真：852-2172 4355

法律顧問／第一國際法律事務所余淑杏律師
印　　刷／韋懋實業有限公司

出版日期／2025 年 6 月 23 日
定　　價／300 元（缺頁或損毀的書，請寄回更換）
I S B N／978-626-7422-99-1

版權所有，侵權必究 All rights reserved.
本著作物，由清華大學出版社獨家授權出版、發行中文繁體字版。
原著簡體字版書名為《跟莊：典型股票分析全程圖解》。
非經書面同意，不得以任何形式，任意複製轉載。
繁體中文權利由大樂文化有限公司取得，翻印必究。

優渥叢書

優渥叢書